A Conquista da Prosperidade

O PODER DA INTUIÇÃO EM MOMENTOS DECISIVOS

Lynn A. Robinson

Tradução
Juliana Escribano y de Sales

Copyright © 2004 by Lynn A. Robinson. Todos os direitos reservados.
Copyright desta edição © 2012 by Editora Novo Conceito.

1ª impressão – 2012

Título original: Real Prosperity – Using the Power of Intuition to Create Financial and Spiritual Abundance

Capa: **Ana Solt**
Imagem da capa: cortesia de **Maciek Ciupa/Polônia**
Tradução: **Juliana Escribano y de Sales**
Preparação de texto: **Salete Dertinati**
Revisão de texto: **Elisabete Pereira**
Diagramação: **Diagramme**

Este livro segue as regras da Nova Ortografia da Língua Portuguesa

Dados Internacionais de Catalogação na Publicação (CIP)
(Câmara Brasileira do Livro, SP, Brasil)

Robinson, Lynn A.
 A conquista da prosperidade / Lynn A. Robinson;
[tradução Juliana Escribano]. – São Paulo:
Novo Conceito Editora, 2012.

Título original: Real prosperity
ISBN 978-85-63219-40-4 (pocket)

1. Finanças - Aspectos religiosos - Cristianismo
2. Riqueza - Aspectos religiosos - Cristianismo I. Título.

12-01352   CDD-230

Índices para catálogo sistemático:
1. Prosperidade : Aspectos religiosos : Cristianismo 230

Rua Dr. Hugo Fortes, 1885
Parque Industrial Lagoinha – CEP 14095-260
Ribeirão Preto – SP
www.editoranovoconceito.com.br

Este livro é dedicado a meu marido, Gary, minha alma gêmea e companheiro na prosperidade. A vida é imensuravelmente rica com você a meu lado.

Agradecimentos

Muitas pessoas além do autor contribuem para que um livro exista. Sinto-me abençoada por estar cercada de amigos e colegas maravilhosos, que têm me ajudado ao longo do caminho na construção de uma carreira de sucesso e de uma vida que amo. São eles:

Meu marido, Gary. Obrigada por seu coração caloroso, sua mente rápida, sua grande alma e seu riso espontâneo. É muito divertido sonhar grandes sonhos com você.

Meu enteado, Cliff. Você cresceu e se transformou em um jovem gentil, sensível e brilhante. Tenho muito orgulho de você. Continue a confiar em seu coração e siga seu caminho.

Laura Straus. Querida amiga e alma irmã, sempre com palavras encorajadoras. Sinto-me muito grata por seu apoio, por seu amor e por acreditar em mim.

Barbara Selwyn. Não acredito que já nos conhecemos há tanto tempo! Como pude ser tão sortuda de ter uma amiga como você, que adora rir e apreciar a vida?

Shane Bowlin. Você tem sido minha assistente desde meu primeiro livro. Dá para acreditar que estamos no número cinco? Você me mantém sã, me ajuda a manter minha vida pessoal e profissional nos trilhos e me faz rir de mim mesma. Não é para qualquer um!

Alison Hendren, mentora extraordinária. O que eu teria feito sem você? Com seu apoio incessante e senso de humor maravilhoso, está sempre me encorajando a sair da minha zona de conforto. Obrigada do fundo do meu coração.

Meu maravilhoso agente, John Willig. Seu entusiasmo, sua sensibilidade, seus *insights* e senso de humor fazem o trabalho ao seu lado ser uma alegria.

Meus excelentes amigos e colegas Lynn Alexander, Bob e Gail Beck, Savita e Michael Brewer, Anne Gilman, John Holland, Shiri Hughes, Karen Foster, Leslie LaRocca, Gail McMeekin, Jean Redpath, Simon Steel, Mark e Beth Sullivan, Jill Winicki e tantos outros. Obrigada por estarem por perto.

Para meus amigos da National Speakers Association (Associação Nacional de Oradores), Bob Arnold, Rick Brenner, Barbara Callan-Bogia, Marilee Driscoll, Debbie Hoffman, Mary Marcdante, Nancy Michaels, Diane Ripstein e Steve Shama. Muito obrigada por seu entusiasmo pela vida.

Às adoráveis senhoras do Prosperity Meditation Group (Grupo de Meditação de Prosperidade) mensal, Susan Granata, Lee Rachel Jurman, Elizabeth Meyer,

Christiane Perrin e Roberta Robinson. Obrigada por compartilhar sua "energia abundante" comigo!

Jean Lucas, meu editor – obrigada tanto por defender como por editar este livro. Agradeço a fé depositada em mim como autora.

Obrigada também a meus clientes. Este livro é o resultado de milhares de conversas pessoais ao longo de meus vinte anos de carreira. É um tributo a todos vocês que ouviram sua voz interior, confiaram em sua orientação e tiveram a coragem de agir segundo sua sabedoria. Minha gratidão sincera a todos vocês que compartilharam comigo suas alegrias, suas dores e seus triunfos. Vocês foram professores maravilhosos.

Sumário

Introdução 11
1. Prosperidade: o que isso significa para você? ..17
2. A abundância é sua por direito 25
3. Veja sua vida como você quer que ela seja 33
4. Ouça o milionário que está dentro de você 41
5. Crie uma afirmação financeira positiva 49
6. Visualize e viva seus sonhos 59
7. Invista em uma vida de oração 67
8. Anúncios de 'Precisa-se de ajuda' para Deus 75
9. A Oração da Prosperidade 85
10. Quanto é o suficiente? 99
11. A prosperidade está à sua procura 109
12. O caminho para uma vida sem dívidas 117
13. Passos de sucesso no caminho da riqueza 125
14. A gratidão é capaz de milagres 133
15. A vida para a qual você nasceu 141
16. Traçando o caminho para a prosperidade 149
17. Prosperando por meio das transições da vida ...157

18. Achei que já estaria rico a esta altura 167
19. Criando um plano de investimento divino .. 177
20. Tenha coragem à medida que prospera 187
21. A loteria de Deus 197
22. Desvencilhando-se da preocupação 205
23. Aprenda a V.O.A.R. 215
24. Programas baratos podem ser divertidos 223
25. Falhando no caminho para o sucesso 233
26. A prosperidade é um trabalho interno 241
27. Faça de sua vocação suas férias 251
28. Como fazer florescer a vida que você ama .. 261
29. Querido Deus: mande-me dinheiro 271
30. O ciclo de abundância 281

Introdução

Quando você segue seu coração, quando descobre o que realmente acalenta sua alma, uma vida rica e feliz se aproxima.
RICHARD CARLSON

SEMPRE me perguntei por que algumas pessoas parecem ter riqueza e sucesso em suas vidas enquanto outras parecem atrair apenas fracassos e pobreza. É o destino? Existem apenas alguns sortudos que estão destinados a ter dinheiro, fama e fortuna?

Ao longo dos últimos vinte anos, tive o privilégio de trabalhar com milhares de pessoas como conselheira/consultora de intuição. Converso com pessoas do mundo inteiro para ajudá-las a descobrir seus objetivos, visões e sonhos. Eu as encorajo a ouvir e confiar em sua intuição – sua bússola interior – que pode apontar o caminho para o sucesso e a prosperidade.

Falei com pessoas que cresceram em meio a abusos e pobreza e que ainda assim acabaram adquirindo prosperidade e felicidade quando adultas. Também escutei aquelas que nasceram em um proverbial 'berço de ouro' e mesmo assim muitas delas se sentem fracassadas e não têm esperança de realizar nada que valha a pena.

Escrevi *A Conquista da Prosperidade* porque acredito que a cada um de nós foram dados todos os recursos de que necessitamos para cumprir nossa missão neste mundo. Aprendemos a prosperar em nossas vidas e em nosso mundo por meio do poder do pensamento e da conexão com nosso Espírito. Muitos de nós não apenas esquecemos o objetivo de vida, mas também como usar as ferramentas que forjam o caminho para a prosperidade, o sucesso, o amor e a saúde.

Há três premissas para este livro:

Você nasceu com uma sabedoria interior chamada intuição. Ela é sua conexão com o Universo, o Espírito, a Alma, a Inteligência Divina ou como quer que você denomine Deus. Quando você confia nela e segue sua orientação, ela certamente o levará à riqueza e a uma vida plena de felicidade.

As imagens que você tem em sua mente, as emoções fortes que sente, juntamente com seus pensamentos e crenças, se unem para formar uma poderosa energia que dá origem à sua experiência de vida.

Há uma corrente divina de riqueza dentro de você e ao seu redor. Você merece ter uma vida feliz, bem-sucedida e próspera, mas se priva dessa corrente por medo, preocupação e rancor. Você pode aprender a se manter nesse poderoso fluxo de luz através do amor, compaixão, generosidade, gratidão, confiança e fé.

Comecei a estudar os princípios da prosperidade aos vinte e poucos anos, quando tinha uma dívida de cinco mil dólares no cartão de crédito (uma quantia enorme na época). Eu estava desempregada havia meses e não tinha onde morar naquele momento. Estava dormindo no sofá de uma amiga à noite, enquanto procurava desesperadamente um emprego durante o dia. O medo, a ansiedade e a preocupação me consumiam. Eu me lembro de pedir a Deus por um emprego, qualquer emprego.

Durante uma daquelas súplicas desesperadas ouvi uma suave, mas distinta, voz interior dizendo: "Há abundância ao seu redor. Peça o que você realmente quer". Havia uma riqueza de informação naquelas duas frases. O pensamento de que Deus realmente havia ouvido minhas preces e de que eu poderia ter algo mais do que apenas um emprego para pagar as contas tomou conta de mim. Imediatamente caí no choro. O medo com o qual eu estava vivendo foi milagrosamente substituído por um calmo conhecimento interior de que eu estava a salvo e protegida e de que tudo ficaria bem.

Nunca me havia ocorrido que eu precisava definir o que realmente queria em minha vida. Eu simplesmente aceitava o que a vida oferecia. Após essa experiência, sentia como se um véu de ilusão tivesse sido levantado. Comprei um caderno e comecei a anotar os detalhes do meu próximo emprego ideal. Dois dias depois vi um anúncio de emprego no jornal que me chamou a atenção. No entanto, nada a respeito dele parecia se relacionar com a descrição que eu havia feito em meu diário. Minha mente lógica queria ignorá-lo, mas senti um forte impulso interior me dizendo para enviar um currículo.

Para minha grande surpresa, recebi uma ligação pedindo para comparecer a uma entrevista. Quando cheguei à companhia, informaram-me que a vaga para a qual eu havia me candidatado havia sido preenchida. Fiquei momentaneamente desanimada até que me disseram que outra vaga de emprego havia acabado de aparecer e que achavam que eu poderia ser uma boa candidata. A descrição do emprego se encaixava perfeitamente em tudo o que eu havia escrito em meu diário. Fui contratada naquele mesmo dia.

Essa experiência me ensinou que o Universo conspira a nosso favor para nos ajudar a alcançar nosso propósito de vida. Há um plano divino. A intuição nos conecta com Tudo-O-Que-Há. Essa orientação nos indica o caminho de menor resistência e nos ajuda a realizar nosso trabalho na vida. Aprendi naquele momento difícil que vivemos em um mundo rico. Infelizmente, nós às vezes nos desligamos dessa riqueza por medo, preocupação e falta de confiança.

Desde então, quase vinte e cinco anos atrás, eu vivenciei muitos milagres mais e os usei como trampolins para criar tanto uma vida profissional quanto uma vida pessoal que eu amo. Vi esses princípio funcionarem repetidamente tanto em minha própria vida quanto em milhares de outras. Minhas histórias e as histórias dessas outras vidas estão compartilhadas neste livro.

Minha paixão é ajudar você a descobrir seu próprio propósito de vida, conectando-o com seu sábio sistema de orientação interior. Este livro guarda os segredos que levam à verdadeira prosperidade que eu aprendi através dos anos. As ideias são introduzidas de forma prática para que você possa encontrar seu próprio caminho divino para uma vida rica e abundante.

1. PROSPERIDADE: O QUE ISSO SIGNIFICA PARA VOCÊ?

Sucesso e prosperidade agora certamente incluem uma vida equilibrada: trabalhar em algo que nos satisfaz ao mesmo tempo que mantemos uma boa forma e saúde, termos relacionamentos afetuosos e uma vida familiar feliz, estarmos envolvidos em atividades e causas sociais e termos um sentimento de paz interior e plenitude.

MARK FISHER

O QUE é prosperidade? Você seria próspero se tivesse quinhentos mil dólares em sua conta bancária? Consideraria uma pessoa rica se ela tivesse cinco milhões de dólares? Seu vizinho que dirige uma Mercedes último tipo é muito rico? Você pode ficar surpreso ao saber que a grande maioria da população mundial considera uma pessoa rica simplesmente porque ela tem um teto sobre a cabeça, roupas no corpo e comida na mesa. Então, por que você não se sente próspero?

O termo *prosperidade* vem de uma palavra em latim que significa 'ter esperança, sucesso e boa sorte'. Outros traduziram-na mais literalmente por 'ir adiante, com esperança'. Ser próspero dá a entender que você tem mais que o suficiente do que precisa e deseja na vida. No entanto, a prosperidade não é um bem, uma quantia específica em dinheiro, mas sim uma atitude em relação à vida. Acredito que vivemos em um mundo abundante, mas como começamos a aprender a colher os frutos da riqueza? Este livro trata disso.

Riqueza é a consciência da abundância.
Pobreza é a consciência da falta.
Riqueza e pobreza são estados da mente.
J. DONALD WALTERS

O comentário infeliz que ouço mais frequentemente de meus clientes é: "Se eu tivesse dinheiro, iria...": "viver meus sonhos", "seguir meu coração", "fazer o trabalho que amo"... "dar uma contribuição para o mundo"... Se isso está lhe parecendo familiar, peço que tenha confiança em si mesmo e também em seu sonho. Você tem um propósito de vida. Deus não teria incutido essa paixão e depois deixado de dar a você o meio para ir adiante. Comece a se harmonizar à sua própria sabedoria interior perguntando-se: "Como devo começar?". "O que preciso saber?". Esteja aberto para receber as respostas que irão direcioná-lo em seu caminho rumo à prosperidade.

À medida que lê *A Conquista da Prosperidade*, entenda e vivencie o poder que possui e que vai torná-lo capaz de viver uma vida próspera. Peço que encare a filosofia deste livro com a mente aberta. Conforme lê cada capítulo, espero que aplique os exercícios à sua própria vida e redirecione seus pensamentos e emoções de preocupação e medo para fé, confiança e otimismo. Isso funcionou comigo e também com meus clientes e alunos. Sei que você também pode colher os frutos e criar uma vida próspera que você ame.

Ao longo deste livro você aprenderá a:

- Ouvir seu próprio guia de prosperidade – sua intuição – conforme ele lhe diz como criar riqueza.
- Entender o poder de emoções positivas.
- Alcançar segurança verdadeira.
- Concentrar-se em uma atitude de gratidão para atrair o sucesso.
- Ver-se livre de preocupação, falta e medo.
- Descobrir a missão de sua vida espiritual.
- Desviar-se de adversidades financeiras.
- Transformar suas crenças.
- Trabalhar com o fluxo de vida para criar o que seu coração mais deseja.
- Permitir que a intuição divina o guie gradualmente para criar mudanças positivas em sua vida espiritual, pessoal e financeira.
- Parar com o comportamento de autossabotagem e abrir as portas para a prosperidade.

Você está em constante diálogo interno que define e articula sua visão da realidade. Está ciente das coisas que diz a si mesmo sobre dinheiro, sucesso e sua capacidade para criar uma vida próspera? Uma das primeiras maneiras de atrair a prosperidade que você deseja é tornar-se ciente de seus pensamentos e atitudes em relação ao dinheiro. O que você disse a si mesmo à medida que lia este capítulo?

Seu diálogo interno interpreta eventos que acontecem com você por meio do filtro de suas crenças. O que muitas pessoas ouvem é frequentemente negativo ou pessimista. A seguir estão alguns dos comentários que ouvi meus clientes e alunos fazerem. Algum deles lhe soa familiar?

- "Tenho problemas com dinheiro. Ele simplesmente some da minha mão."
- "O dinheiro é a raiz de todos os males."
- "Não consigo acertar minhas contas."
- "Nunca serei rico."
- "Não dá para ser espiritual e ter dinheiro ao mesmo tempo."
- "É impossível progredir nesta economia."
- "Pessoas ricas são más e tiram vantagem das outras."
- "Estou tão atolado em dívidas que nunca vou conseguir sair do buraco."
- "Meus amigos não vão gostar de mim se eu tiver muito dinheiro."

- "Não há o suficiente para todos."
- "A vida é uma batalha."

Essas conversas que você tem consigo mesmo são importantes porque desempenham um papel crucial na maneira como define sua realidade e, dessa forma, o que atrai para sua experiência de vida. Você não está preso a isso. Crenças são algo que se escolhe. Você pode mudá-las e começar a mudar sua vida e sua receptividade para a abundância. Ao se tornar ciente de suas crenças e desafiar algumas das suposições negativas que criou, você inicia o processo de criar prosperidade.

À medida que lê este livro, seria útil ter um 'diário de prosperidade', no qual poderá anotar seus pensamentos e também seus êxitos à medida que continua a trabalhar com o material. Aqui vão algumas perguntas úteis que você pode se fazer para descobrir suas próprias crenças a respeito de dinheiro:

- Qual é sua definição de prosperidade?
- O que você acha das pessoas ricas?
- O que você acha das pessoas pobres?
- Como seria sua vida se você fosse próspero?
- O que você mudaria em primeiro lugar na sua vida se de repente ficasse rico?

Aqui vai uma meditação bem simples para ajudá-lo a começar. Leva só um minuto ou você pode fazê-la por mais tempo, se quiser. Você vai achá-la bastante eficiente quando estiver se sentindo ansioso e preocupado.

Feche os olhos, respire fundo e diga a palavra 'relaxe' à medida que lentamente deixa o ar sair. Faça isso várias vezes até que sinta que está ficando mais calmo e centrado. Agora, use o poder de sua imaginação para visualizar a entrada para a riqueza. Não há um 'jeito certo' de se fazer isso. Qualquer que seja sua experiência, está tudo certo. Aquiete seus pensamentos, livre-se de qualquer sentimento de ansiedade e traga para dentro de si um sentimento de calma, paz e riqueza. Interiorize essa serenidade com sua inspiração. Não se preocupe com sua expiração.

Expanda seus sentimentos de gratidão e apreciação por tudo aquilo que agora tem em sua vida. Diga a si mesmo: "Sinto-me repleto e rodeado de prosperidade". Visualize uma presença terna envolvendo você. Sinta-se aberto a essa presença. Imagine que você está repousando nessa energia e descansando. Quando se sentir pronto, abra os olhos.

Você é próspero na mesma medida em que esteja vivenciando paz, saúde e riqueza em seu mundo.
CATHERINE PONDER

Meditar sobre a abundância algumas vezes por dia produzirá resultados impressionantes. Você vai ver como isso ajuda a libertar-se dos medos e das preocupações que com certeza atrasariam seu fluxo natural de prosperidade. *Insights* e ideias intuitivas podem surgir após fazer essa meditação ou podem vir mais tarde, durante o dia, enquanto você dirige do trabalho para casa ou prepara o jantar.

Saber como criar uma vida próspera não quer dizer que tudo o que você deseja vai se manifestar instantaneamente. Há uma dualidade na existência que é um pouco complicada de se controlar no começo. Você se sente grato por tudo o que tem. Vê abundância ao seu redor e se concentra nela com uma atitude de gratidão. No entanto, tem de entender também que está constantemente crescendo, aprendendo e dominando seu mundo. É natural que queira mais, tenha novos objetivos e queira tomar novos rumos.

O Universo conspira a seu favor. Ele quer que você seja bem-sucedido. Quando você entra no fluxo de abundância e o aceita como seu por direito, coisas impressionantes começam a acontecer. Eric Butterworth, autor do livro *Spiritual Economics* (*Economia Espiritual*), escreve a respeito disso da seguinte maneira:

"Quando sua atenção se volta para o fluxo universal, você se torna sincronizado com essa tendência divina para sempre. Coisas incríveis podem e vão acontecer". Malas de dinheiro não vão necessariamente aparecer na sua porta e você pode não ganhar na loteria. Mas a sincronicidade, as coincidências e os milagres que o direcionarão a ideias e associações que conduzem à prosperidade vão se tornar comuns em sua vida. A prosperidade é seu estado natural. Este livro vai ajudá-lo a descobrir essa verdade por si mesmo e a revelar a riqueza de viver uma vida que você ama.

2. A ABUNDÂNCIA É SUA POR DIREITO

A Mente Infinita vai colocar ideias em sua mente, palavras em sua boca, criatividade em suas mãos, oportunidades ilimitadas diante de você e luz orientadora em seu caminho.
ERIC BUTTERWORTH

PARE por um momento e olhe à sua volta. Veja a riqueza que há diante de você. Não estou querendo me referir a todas as suas posses materiais, mas olhe as árvores, as nuvens, os pássaros, as estrelas, a grama e as flores. Onde quer que você esteja, verá abundância de alguma coisa. Vivemos em um Universo rico. O dinheiro e os recursos de que precisamos para realizar nossa missão de vida estão aqui em abundância também.

Inspire fundo e lentamente. Sinta o ar entrando nos pulmões. Agora expire. Provavelmente nunca passou pela sua cabeça se preocupar se existe ar suficiente para respirar ou não. Você simplesmente aceita que ele está lá.

Você não levantou certa manhã, correu para fora de casa e começou a respirar como louco, tentando inalar todo o ar possível por medo de que ele logo se acabasse. Você não tem medo de que, só porque teve ar no mês passado, o suprimento vai se esgotar e você poderá não tê-lo mais no mês que vem. O ar existe ao seu redor. Ele flui através de seu corpo independentemente de você se sentir merecedor, ter baixa autoestima ou ter tido uma infância infeliz. A verdadeira prosperidade é assim também; você tem uma abundância de tudo o que precisa à sua volta.

Você deve estar pensando: "Ah, tá! Isso porque você não viu minha fatura do cartão de crédito. Tudo o que vejo é uma abundância de dívidas!" Sei como é. Já passei por isso e, nessa época, eu achava esse papo de 'consciência de prosperidade' bastante irritante. Mas tente algumas das ideias, das teorias e dos princípios com a mente aberta e veja até onde eles levam você. Alguém já disse: "Se você sempre fizer o que sempre fez, terá sempre o que sempre teve". Então, se o que você tem feito não está funcionando, o que tem a perder?

...permita-me tornar-me belo em meu espírito, e que todas as minhas posses externas possam estar em harmonia com meu eu interior.
PLATÃO

Eu costumava pensar que, se repetisse minhas afirmações de prosperidade cinquenta vezes por dia e visualizasse meus objetivos por dez minutos, um pote de ouro apareceria diante de mim. Minha outra fantasia era que Ed McMahon da Publishers Clearing House[1] apareceria na porta de minha casa anunciando que eu tinha sido última ganhadora. Tenho que admitir que nenhuma dessas coisas aconteceu! Mas consegui adivinhar um número que saiu na loteria uma vez!

Como então consigo transmitir a crença de que a abundância está ao seu redor? Considere de onde sua prosperidade vem. Superficialmente você pode concordar que ela vem do seu empregador, ou dos seus clientes, no caso de você ser autônomo. Mas o que permitiu você receber esse dinheiro foram suas ideias, pensamentos, intuições e sentimentos sobre o que você queria fazer de sua vida e como gostaria de ganhar dinheiro.

As ideias e atitudes que você tomou em nome deles são a sua moeda verdadeira. Você agiu por um interesse que possuía e perseguiu esse interesse quando foi para a escola ou ao aprender sobre isso de alguma outra maneira. Você pode ter tido uma ideia brilhante ou uma mensagem intuitiva que o tornou capaz de criar algo novo ou de ir atrás de um negócio empreendedor. Talvez tenha tido uma sensação que permitiu que simplesmente estivesse no

---

[1] Empresa norte-americana que promove várias competições que envolvem prêmios em dinheiro, além de realizar trabalhos filantrópicos nos Estados Unidos. (N. da T.)

lugar certo na hora certa para conseguir o emprego que queria.

Ralph Waldo Emerson escreveu: "O homem nasceu para ser rico ou inevitavelmente ficar rico ao usar suas faculdades". Você pode rezar por dinheiro para pagar as contas ou comprar a casa de seus sonhos. No entanto, Deus geralmente não se materializa e faz um depósito em sua conta bancária. Em vez disso, são dados a você ideias, circunstâncias e impulsos divinos para levá-lo na direção que lhe permita realizar seus sonhos.

Quando sua mente está sintonizada no canal da prosperidade, a inteligência e a sabedoria do Universo começarão a emitir a informação de que você precisa para atrair aquilo em que está concentrado. Qual é sua escolha? Você preferiria estar com sua antena sintonizada em medo, ansiedade e preocupação e receber essa informação? Ou preferiria aproveitar-se da riqueza de informação que o direciona à prosperidade quando se concentra em abundância, gratidão e esperança?

Tenho um cliente que vou chamar de Ken. Ele é um cristão praticante e vai à missa todos os domingos. Ele me disse que tem rezado durante anos para obter orientação sobre como se livrar das dívidas. Uma vez balançou a cabeça, triste, dizendo: "Deus não ouviu minhas preces". Falou um pouco sobre quão infeliz estava em seu negócio atual e que queria uma mudança. Quando discutiu suas esperanças sobre um dia ter um negócio próprio, toda a energia mudou. Ele se sentou ereto e falou de maneira animada pela primeira vez.

Olhai as aves do céu: não semeiam
nem ceifam, nem recolhem nos celeiros e
vosso Pai celeste as alimenta.
MATEUS 6:26

Perguntei a Ken o que o impedia de iniciar seu negócio. Ele me disse que até que Deus respondesse suas preces por mais dinheiro, ele não se sentia seguro para deixar sua posição no momento. "Ken, é possível que você considere que seu entusiasmo por um novo negócio seja uma das maneiras de Deus dar a você orientação para a prosperidade que está buscando?" Pude ver pela expressão em seu rosto que esse pensamento nunca havia passado por sua mente antes. Durante o resto da sessão criamos um plano para que ele começasse seu novo negócio.

A palavra *entusiasmo* vem do grego *entheos*. Ela significa literalmente 'Deus dentro'. A empolgação de Ken sobre seu novo conceito de negócio era parte da resposta à sua prece e ele atendeu as ideias divinas que estavam enchendo sua mente. A última vez que ouvi falar de Ken foi que ele estava ganhando quinhentos mil dólares por ano e se sentindo consideravelmente mais próspero.

Lembra-se de quando você era criança e via uma estrela cadente? Com certeza alguém dizia: "Faça um pedido". É isso o que eu quero que você faça agora mesmo. Como seria sua vida ideal? Pegue um pedaço grande de papel ou um caderno e comece a escrever e/ou desenhar o que quer. *Atenção*: não se preocupe neste momento sobre como você vai atingir seus objetivos. Sua tarefa neste instante é usar a imaginação e começar a sonhar. O propósito é enviar uma mensagem clara ao Universo sobre o que você quer. Nos próximos capítulos trabalharemos as maneiras que você pode receber as respostas que o Universo manda!

Coisas sobre as quais escrever/sonhar/ pensar para ajudá-lo a começar

Como é a sua casa? Quem são seus amigos? O que você faz para se divertir? Quanto dinheiro gostaria de ter? Descreva como quer ser e se sentir. Que tipo de relacionamento gostaria de ter (caso queira algum)? Que tipo de trabalho está fazendo? Descreva o relacionamento ideal com sua família. Como é ao seu redor? Você quer viajar? Em caso afirmativo, para onde? Como você se sente sobre sua vida espiritual?

Pense em cinco situações em sua vida cujo dinheiro, as ideias para se ganhar dinheiro ou os recursos apareceram inesperadamente. Escreva sobre elas em seu diário de prosperidade. Quando tiver completado esse exercício, pergunte a si mesmo o que aprendeu ao escrever sobre essas situações.

Um dos segredos para se criar prosperidade é usar por completo sua capacidade de imaginação para visualizar vividamente e experimentar o que é ser uma pessoa afluente. É a isso que as pessoas se referem quando dizem que alguém tem uma "consciência de prosperidade". Quando está ciente disso, você sabe no fundo da alma que merece e facilmente cria o que precisa e quer. Ouse sonhar alto. Veja-se como capaz, dotado e bem-sucedido. Você é! Então comece a se mover confiantemente em direção a seus sonhos. Foi para isso que você veio à Terra.

3. Veja sua vida como você quer que ela seja

O problema com muitos planos é que eles estão baseados no modo como as coisas estão agora. Para ser bem-sucedido, seu plano pessoal deve se concentrar no que você quer, e não no que você tem.
NIDO QUBEIN

COMO seria sua vida ideal? Você viajaria ao redor do mundo? Teria uma grande casa em uma grande propriedade? Seria um filantropo e repartiria sua riqueza com pessoas e causas nobres? Talvez você anseie por coisas mais simples: uma casa pequena e aconchegante com espaço para um jardim, recursos financeiros suficientes para ficar em casa e dar atenção a seus filhos ou um dinheiro extra para ajudar seus pais na velhice. Cada um de nós tem objetivos diferentes, mas todos temos uma coisa em comum – o que pensamos e o que sentimos são criados em nossa vida.

Muitos de vocês sabem que seus pensamentos e crenças são considerados importantes na criação do que desejam na vida. Vou acrescentar um outro elemento à equação que creio ser igualmente importante, se não o for mais – suas emoções. Não sou física, então aqui vai o conhecimento de uma leiga sobre como a energia funciona.

Seus sentimentos e emoções estão cheios de energia que vai atrair ou repelir o que você quer. Por exemplo, quando se imagina conseguindo aquela promoção que tem buscado, sente-se empolgado, entusiasmado, esperançoso e animado. Seus sentimentos positivos estão cheios de ondas vibratórias que estão magneticamente carregadas e começarão a atrair as circunstâncias refletidas em sua emoção predominante. Quando você tem uma intenção ou um objetivo forte é como se um raio de energia saísse em direção ao Universo, projetado por suas emoções. Essa energia começa a atrair você para o objeto de sua concentração.

A falência é temporária.
A pobreza é eterna.
ROBERT KIYOSAKI

Você escolheu este livro provavelmente porque queria adquirir mais prosperidade na vida. Quando você se sente otimista com relação a dinheiro, seus sentimentos primários estão lá em cima – vibrações confiantes e de alta frequência que vão atrair a prosperidade até você. Pode ajudar imaginar suas emoções e seus pensamentos como ímãs. Se tiver emoções positivas sobre o dinheiro e a prosperidade, começará a atrair aquilo que deseja.

Inversamente, se você está sempre preocupado, cheio de medo e ansiedade, e passa muito tempo do dia concentrando suas emoções e atenção em quão pobre você é, está anunciando sua pobreza. Essas emoções criam vibrações de baixa frequência e começarão a atrair muitas das coisas que você teme. Você pode até meditar e afirmar: "Tenho muito dinheiro", e ainda assim estar obcecado pelo sentimento de medo sobre a falta de esperança de conseguir dinheiro suficiente para pagar a próxima parcela do carro.

Felizmente, você não manifesta o foco dos seus pensamentos e sentimentos instantaneamente! Qualquer dias desses você acaba tendo sentimentos positivos junto com alguns negativos. Seus pensamentos colocam em ação o que você cria no final. As emoções energizam esses pensamentos. Quanto mais forte sua emoção, mais rápido você atrairá aquilo em que está se concentrando.

As emoções são um poderoso conduíte de comunicação da intuição. Quando experimentar fortes emoções negativas, preste atenção! Sua orientação interior está tentando lhe dizer alguma coisa. "Você está se afastando de seus objetivos". Não é possível sentir raiva, amargura e medo e ao mesmo tempo estar em harmonia com o que você quer criar. Essas emoções apenas afastam seus objetivos.

Eu tinha uma cliente que estava decidida a não pensar negativamente. Conversar com ela era sempre divertido. Ela dizia: "Ai, meu Deus! Tive outro pensamento negativo!" Então ela balançava a mão por cima da cabeça e falava: "Cancela! Cancela!" Como se isso fosse contrabalançar as consequências potenciais de seus pensamentos contrários!

Romper o padrão de pensar negativamente e de sentir emoções negativas é apenas uma questão de hábito. Não requer vigilância constante ou repreender a si mesmo! Tenha uma atitude relaxada sobre isso. Quando notar que sua mente está escapando para algo que você não quer, pare, sorria e gentilmente traga seu foco de volta ao que você quer.

Não quero que você acredite que, a menos que esteja pensando como Poliana[2] ou assobiando "Don't worry, be happy!" (Não se preocupe, seja feliz!) o dia inteiro, não há esperança no fronte para você. Ao contrário, você está começando a prestar atenção ao valioso recurso da sua orientação interior. Nos próximos capítulos você aprenderá algumas ferramentas úteis e práticas para mudar o foco de suas emoções e começar a criar a prosperidade que deseja.

Já fui rica e já fui pobre.
Acredite em mim: ser rica é bem melhor!
SOPHIE TUCKER

---

[2] Livro escrito por Eleanor H. Porter em 1913. Narra a história de uma pequena órfã, Poliana, que, para escapar de todas as tristezas da vida, inventa o "jogo do contente", ensinando as pessoas a levarem a vida com extremo otimismo, até mesmo nos momentos mais tristes. (N. da T.)

Aqui vão os passos básicos que você deve dar para criar qualquer coisa em sua vida:

Decida o que não quer. Você pode se pegar dizendo coisas como: "Meu emprego não me oferece mais desafios". Ou: "Estou cansado de ficar sem dinheiro". Ou: "Não posso mais continuar a gastar todo esse dinheiro para consertar meu carro velho". Ou: "Não estou mais feliz com este relacionamento". Quando você se pegar acabado, entediado, exausto, irritado ou esgotado por qualquer coisa ou qualquer pessoa, isso é uma mensagem da sua intuição dizendo que uma mudança se faz necessária.

Decida o que realmente quer. Você pode não saber o emprego específico que quer, ou exatamente o que quer fazer sobre um relacionamento que está deixando você infeliz. Comece a brincar com a ideia de criar algo novo. As pessoas raramente sabem *exatamente* o que elas querem. Pergunte a si mesmo: "O que me deixa empolgado?" Preste atenção quando se deparar com algo que o faz sentir-se mais leve e entusiasmado, ou até mesmo se você sentir só uma pontinha de interesse. Essa é uma maneira de sua intuição lhe dar pistas sobre o rumo que precisa tomar.

Faça o que ama, e o dinheiro virá.
MARSHA SINETAR

Aumente o volume das emoções positivas. Passe cada dia sonhando acordado sobre sua vida e como será alcançar seus objetivos. Os fortes sentimentos positivos têm o poder de atrair os desejos. Se um novo emprego é seu objetivo, você pode imaginar todos os aspectos dele e quão bem se sentirá. Imagine o que fará com o dinheiro adicional que esse novo cargo trará. Imagine os novos amigos e colegas que terá em seu novo emprego e quão bem vocês podem trabalhar em equipe. Mantenha o foco em qualquer coisa que o faça sentir bem sobre a obtenção de seu desejo. Dou a isso o nome de *fluindo a energia*.

Preste atenção à sua intuição. Comece a esperar a manifestação de seus objetivos. Aja como se eles fossem acontecer e preste atenção à sua intuição. Quando você estiver com o pensamento e emoções firmemente concentrados em suas esperanças e sonhos, sua intuição vai começar a lhe dar orientação para os próximos passos. Esta sabedoria pode vir por meio de suas impressões, sua voz interior, seus sonhos, uma sensação de que já se sabe de algo ou até mesmo uma sensação física. Você pode começar a experimentar coincidências e sincronicidades. É assim que vai saber que está no caminho certo.

Esteja disposto a sonhar alto. Peça um monte de coisas. Arrisque e vá atrás do que mais busca em sua vida. A maioria de nós pensa pequeno demais e acaba afogado em si mesmo e em desejos com pensamentos que começam com: "Eu não consigo", "Eu não deveria", "Eu não mereço" ou "Não é possível". O poder do Universo quer fluir através de você para criar tudo o que precisa e deseja. Quando pensa pequeno demais você bloqueia o fluxo. Não aceite uma vida pequena. Há um plano maravilhoso para você. Respeite aquela constante e suave voz interior que o está encorajando a seguir em frente. É nela que as verdadeiras respostas se encontram.

4. Ouça o milionário que está dentro de você

Quando nos entregamos a Deus, nos entregamos a algo maior que nós mesmos – a um universo que sabe o que está fazendo. Quando paramos de tentar controlar os eventos, eles começam a seguir sua ordem natural, uma ordem que funciona. Ficamos parados enquanto um poder muito maior que o nosso próprio assume o controle e faz um serviço muito melhor do que poderíamos ter feito. Aprendemos a confiar que o poder que move as galáxias pode dar conta das circunstâncias de nossas vidas relativamente pequenas.

MARIANNE WILLIAMSON

NÃO seria maravilhoso ter um guia onisciente em sua vida que pudesse ajudá-lo nas escolhas corretas para criar uma vida próspera e bem-sucedida? Você tem! Chamamos a isso de intuição. Quando você presta atenção e ouve sua sabedoria, ela o conectará a um conhecimento maior. Você pode chamar esse conhecimento de Deus/Deusa, Tudo-O--Que-Há, Inteligência Divina, Universo, Sabedoria

Mais Elevada ou qualquer outro nome ou conceito. É a parte de você que tem uma visão geral de sua vida e sabe do que você precisa para criar a vida para a qual nasceu.

Minha amiga Jean Redpath é uma cantora escocesa. Ela me contou uma história de quando ainda era uma artista jovem e muito pobre, quando foi a Liverpool, em uma viagem de compras com as amigas, e se apaixonou por um vestido de festa muito bonito. Ela estava cantando em casas noturnas de quinta categoria na época, e por dias ficou pensando na ideia ridícula do vestido. "O que eu ia fazer com um vestido de festa? E, minha nossa, como que eu poderia pagar?!" No entanto, o impulso persistiu e quando Jean descobriu que o tal vestido estava em promoção com um desconto de 70%, engoliu em seco e comprou o belo vestido que ela descreveu como um adorável "verde da Idade Média", repleto de rendas e babados. Semanas depois, ela recebeu um convite da família real, pedindo que cantasse diante da rainha no grande salão do Castelo de Edimburgo. Naquele cenário, o vestido estava perfeito!

A intuição foi descrita como "eu sei, mas não sei como sei". Às vezes você nem sabe o que sabe! O guia interno de prosperidade de Jean estava provocando-a com visões de cantar diante de multidões e, para isso, ela precisaria de um vestido. Ele não comunicou necessariamente que a rainha, Elizabeth requisitaria sua presença na corte real. No entanto, Jean deu atenção a seus impulsos internos de comprar um vestido aparentemente desnecessário e estava preparada quando recebeu o pedido da rainha, que iria mudar sua carreira.

Comigo aconteceu algo menos dramático. Quando comecei a fazer leituras intuitivas para ganhar a vida, eu estava sublocando um escritório de um colega durante alguns dias por semana. Esse acordo estava funcionando bem. No entanto, acordei um dia com um forte desejo de aumentar o número de dias que estava alugando o escritório e de completar e imprimir uma grande quantidade de novos folhetos. Isso não fazia o menor sentido lógico. Eu não precisava de mais folhetos nem tempo de escritório. Mesmo assim, não era eu que ia discutir com minha orientação interior, então fui fazer o que minha intuição sugeriu. Várias semanas depois fiquei sabendo que tinha sido escolhida a "Melhor Consultora Psíquica" pelos leitores da revista *Boston*. Eu estava atolada de clientes e pedidos por mais folhetos.

Como e por que exemplos como os descritos acontecem? Creio que, quando você tem uma forte visão do que quer, está enviando uma energia positiva (seus sentimentos e emoções) em direção a esse objetivo. A Lei de Atração Universal funciona assim: você sente uma emoção forte que ativa um tipo de vibração. Graças a essa energia começa a magnetizar as circunstâncias e condições que permitirão que crie seu desejo.

A intuição divina começa a lhe enviar mensagens para ajudá-lo a encontrar o caminho certo e a fazer as escolhas certas. Sincronicidades e coincidências começam a ocorrer. Você pode se sentir atraído exatamente por aquela pessoa que vai ajudá-lo com sua ideia de negócio. Sua intuição também pode tomar a forma de um impulso sobre certas ações nas quais investir, um sonho sobre uma nova invenção que você ajudará a criar ou uma ideia sobre um plano de marketing para sua empresa. Você age baseado em sua orientação interior e, à medida que segue seus impulsos e entusiasmos internos, começa a atrair e criar seu objetivo.

Também é importante prestar atenção às ocasiões em que você sente uma resistência para fazer alguma coisa. Nem sempre é pro-crastinação. Pode ser sua intuição avisando para não tomar uma atitude que comprometerá sua prosperidade. A orientação interior é uma bússola da alma. Ela vai apontar você na direção do sucesso, dando-lhe sentimentos de empolgação e entusiasmo por um rumo específico. Também fornecerá o proverbial arrepio na espinha, o impulso que o afasta de um desastre em potencial. Para nossa infelicidade, frequentemente ignoramos esses sentimentos, essas sensações, esses "conhecimentos".

Nossos desejos são a forma pela qual nossa alma nos guia no caminho da vida.
SHAKTI GAWAIN

Recentemente aconteceu isto comigo: meu livro anterior, *Divine Intuition* (*Intuição Divina*) tinha acabado de ser lançado e eu estava bastante empolgada sobre sua promoção. No entanto, oito semanas após o livro estar nas livrarias, eu me sentia estranhamente cansada sempre que tentava fazer qualquer coisa relacionada à promoção. Aconteceu que o livro esgotou-se em dois meses e houve um período de atraso de três meses antes que ele pudesse estar novamente nas lojas. Se eu tivesse lutado contra minha resistência e continuado a promovê-lo durante aquele tempo, teria sido um enorme desperdício de energia e dinheiro.

Fico frequentemente maravilhada ao ver como o Universo trabalha quando nós prestamos atenção à nossa orientação interior e escolhemos confiar nela. Vários anos atrás recebi uma ligação de uma agente literária que me perguntou se eu estaria interessada em ser coautora de um livro da série *Complete Idiot's Guide* (*Guia do Idiota Completo*). Ela me deu um prazo bastante curto – doze semanas para terminar um manuscrito de mais de quatrocentas páginas, trabalhando com um coautor que eu não conhecia. Ela também disse, tentando se desculpar, que podia me oferecer apenas um pequeno adiantamento.

Meditei sobre esta oferta por um dia ou dois. Tudo isso significaria praticamente interromper meu trabalho com as consultas intuitivas por três meses para trabalhar nesse projeto. Eu estava nervosa porque isso significaria uma perda considerável de renda. Apesar de minhas apreensões, sabia que deveria dizer sim. Eu tinha a nítida sensação de que tudo sairia bem e que, de alguma forma, o dinheiro viria de uma outra fonte.

> *Ideias são como sementes: quando elas aparecem pela primeira vez você não sabe em que elas se transformarão. Apenas mantenha-se seguindo seus alegres impulsos e suas ideias se transformarão nas formas que melhor puderem lhe servir.*
> SANAYA ROMAN

Liguei para a agente e disse que toparia. Naquela mesma tarde em que eu havia dito sim ao livro, meu marido me ligou dizendo que havia fechado um grande contrato que nos garantiria dinheiro suficiente o bastante para compensar a diminuição na minha renda. Eu me apresso em dizer que o Universo nem sempre age *tão* rapidamente para trazer prosperidade, mas o fato de que eu tinha tomado a decisão certa e de que o "milionário" que existia dentro de mim estava dando duro reafirmaram minha fé.

Comece a colocar seu milionário interior para trabalhar! Invente uma lista de perguntas com as quais você gostaria de ter alguma ajuda. Alguns exemplos podem ser: "Quero um emprego que seja criativo, divertido e que me permita ganhar x por ano ou mais. Que passos devo dar?" Ou: "Qual é a melhor coisa que eu deveria fazer para trazer mais prosperidade para minha vida?" Sempre que alguma dessas perguntas vierem à cabeça, feche os olhos, respire profundamente por uns instantes e relaxe, ficando imóvel. Faça sua pergunta e espere silenciosamente pela resposta. Se ela não vier imediatamente à sua mente, não se preocupe. A resposta aparecerá quando você menos esperar.

Você merece ter uma vida próspera e abundante. Você tem aí dentro um rico sistema de orientação interior que constantemente o direcionará, encorajando-o a fazer o que ama. O dinheiro que você busca virá muito mais rápido se estiver concentrado em tomar decisões baseadas em alegria e paixão, em vez de fazer coisas que o deixam exausto, esgotado ou cedendo demais.

À medida que você começa a seguir sua orientação de prosperidade interior verá que as coisas vão acontecendo rápida e facilmente. Milagres e coincidências ocorrerão e você se verá tornando-se uma dessas pessoas que está no lugar certo na hora certa. Alguns podem pensar que você é meramente sortudo. Mas você saberá a verdade. Você tem a chave para a prosperidade – sua intuição!

5. Crie uma afirmação financeira positiva

Quando o assunto for o seu dinheiro, o que você pensa vai direcionar o que diz, o que você diz vai direcionar o que faz, e o que você faz vai criar seu destino.
SUZE ORMAN

TODOS nós ouvimos um diálogo interno que fala conosco durante nossos momentos despertos. Ele diz coisas como: "A economia está tão ruim que vai ser difícil conseguir um emprego". Ou: "Queria ter mais dinheiro. Provavelmente nunca serei rico". Esse diálogo está constantemente julgando, percebendo e comentando. Ele interpreta eventos que acontecem conosco por meio do filtro de nossas crenças. Infelizmente, para a maioria de nós, essa conversa interior é frequentemente negativa ou pessimista. O que você diz a si mesmo sobre dinheiro e sua habilidade de alcançar uma vida próspera?

Se você pudesse ler minha mente durante meus dias pré-prosperidade, teria ouvido: "Parece que nunca tenho dinheiro". "Tomara que os freios do carro durem mais umas semanas. Como vou poder pagar o conserto? Vou precisar de pneus novos logo,

logo." "Por que parece que eu não vou adiante? Quanto será que já consegui economizar para o aluguel deste mês? Provavelmente não é o suficiente." "Adoraria ter um vestido novo para a festa da Jane, mas meu cartão de crédito está no limite. Acho que vou ter que usar aquele velho mesmo." Já deu para você ter uma ideia.

Se aceitar que seus pensamentos criam a realidade, você pode ver o que os meus estavam criando! Na verdade, eu costumava brincar que o Universo parecia saber quando eu tinha alguns trocados no bolso, porque logo que eu começava a me sentir um pouquinho abastada, uma crise começava e o dinheiro desaparecia.

Aprendi sobre afirmação nessa época. Afirmações são uma das formas primárias que podemos usar para começar a controlar os pensamentos e atitudes a fim de promover mudança em nossas vidas. Quando dizemos o que queremos, fazemos uma forte e positiva afirmação sobre algo que queremos que aconteça em nossa vida.

Eu trabalhava nessas afirmações diligentemente e as escrevia em meu diário várias vezes por dia, repetindo-as em voz alta durante minhas meditações à noite. Recentemente reli um desses diários em que tinha escrito: "Tenho agora um milhão de dólares". "Sou próspera." "Sou um ímã de dinheiro." Agora percebo por que eles não funcionaram na época. Eu estava passando todos os minutos do dia afirmando o oposto através de meu diálogo interno.

Você não pode mudar de "Como vou pagar o aluguel?" para "Eu atraio dinheiro" e esperar algum tipo de transformação positiva. Você tem que começar a mudar seu diálogo interno.

Cada pensamento seu tem uma energia ou vibração. Se você realmente quer alguma coisa (prosperidade) e tem pensamentos e sentimentos positivos a respeito disso, você a atrairá para sua vida. Se você realmente *não* quer alguma coisa (pobreza) e constantemente sente medo e ansiedade sobre isso, você a atrairá para sua vida. Seja lá no que for que você se concentre, um processo de manifestação se inicia. Pense em algo – positivo ou negativo – com intenção e emoção fortes o suficiente e você terá isso em sua vida.

O interessante em acreditar firmemente em algo é que você verá prova de suas convicções em todos os lugares. Se seu foco está no medo de perder dinheiro, você se sentirá atraído pelas notícias sobre um mau momento econômico, falências, demissões e a queda vertiginosa do mercado de ações. Você também terá à sua volta pessoas com mentalidade de vítima e que concordam com sua tese de que os ricos ficam cada vez mais ricos e os pobres, cada vez mais pobres. "Defenda suas limitações e com certeza elas serão suas", Richard Bach escreveu em seu livro *Ilusões*.

Se, ao contrário, seu foco está em criar prosperidade de maneira fácil, você se sentirá atraído pelas notícias de que um certo setor da economia está indo bem ou que uma companhia local está recrutando novos funcionários. Ideias surgirão e o ajudarão a ganhar mais dinheiro. Você também, muito mais vezes do que imagina, se verá na companhia de pessoas financeiramente bem-sucedidas e que possuem pontos de vista de acordo com os seus.

Então, como você vai começar a fazer a mudança de preocupação e ansiedade para paz e fé? Concentre-se no desejo de seu coração e não nos seus piores medos. Isso acontece da noite para o dia? Provavelmente não. Você pode começar hoje? Sim.

Assuma neste momento o compromisso de prestar atenção ao que diz a si mesmo. Quando sentir medo ou ansiedade devido à sua situação financeira, vá com calma, preste atenção, pare. Comece a notar os pensamentos que precederam seu medo. No que você estava concentrado pouco antes das apreensões começarem? Muito provavelmente estava pensando em algum evento assustador, em conseguir pagar suas contas, em seu carro quebrando ou em ser demitido. É isso que você quer criar em sua vida? Não? Então é hora de começar a quebrar o hábito desses pensamentos. É tudo o que eles são, um hábito. Hábitos podem ser rompidos e mudados. No livro *A Course in Miracles* (*Um Curso em Milagres*), a Dra. Helen Schucman diz: "Eu posso escolher paz em vez disto". É isso o que você precisa fazer. Faça uma escolha consciente por pensamentos tranquilos (e prósperos).

Nós nos curamos mentalmente à medida que nos tornamos cientes de nossas crenças verdadeiras, nos libertamos daquelas que nos limitam e nos abrimos para as ideias mais encorajadoras e para o entendimento mais amplo.

SHAKTI GAWAIN

Muitas pessoas me disseram que elas simplesmente têm "tendência à ansiedade". Creio que, em muitos casos, essa ansiedade vem do que se diz a si mesmo. Tente uma experiência simples fechando seus olhos e dizendo o seguinte para si mesmo por trinta a sessenta segundos: "Nunca irei adiante. Sou um fracasso. Sempre estarei endividado". Como você se sente? Deprimido? Desmoralizado? Ansioso? Sem esperanças? É praticamente impossível tomar qualquer tipo de atitude positiva para sair da pobreza se você acredita nessas coisas.

Agora faça a mesma experiência e se concentre nessas afirmações: "Tudo dará certo". "Estou aprendendo sobre a prosperidade e as coisas estão começando a mudar para mim." "Hoje darei alguns passos que abrirão algumas oportunidades para rendimentos extras." Como você se sente agora? Esperançoso? Otimista? Mais confiante? Quando você está nesse estado, é muito mais fácil se abrir para mensagens intuitivas que o direcionem para as avenidas de prosperidade.

A chave é escolher pensamentos que o façam se

sentir melhor. No parágrafo anterior eu não estava pedindo para você afirmar algo como: "Sou rico". Ou: "Eu tenho todo o dinheiro de que necessito". Sua mente simplesmente teria respondido: "Ah, é! Com certeza! Você já viu o último extrato da minha conta?" As afirmações que escolhi são o que chamo de "crenças-ponte". Elas eram simplesmente afirmações que não tinham nenhuma carga forte positiva ou negativa, mas que permitiriam que você se sentisse melhor e, assim, ficasse mais aberto para sua intuição.

Mudar seu pensamento negativo é como quebrar qualquer hábito ruim. Acontece em estágios. O primeiro passo é ser claro sobre o que não quer. Por exemplo: "Não quero mais ter dívidas". "Não quero mais me preocupar com o pagamento de minhas contas." Então, afirme claramente o que você realmente quer. Por exemplo: "Quero experimentar a prosperidade em todas as áreas de minha vida". "Quero sentir facilidade e fluidez em relação ao dinheiro." De agora em diante, quando você se encontrar tendo um pensamento negativo ou começando a se preocupar, ou sentir qualquer ansiedade, substitua por um pensamento que o faça se sentir melhor.

Escolha uma frase da lista a seguir que tenha a ver com você. Deve ser um grupo de palavras que lhe dê um certo alívio para sua ansiedade ou que faça você se sentir poderoso de alguma forma. Por favor, sinta-se à vontade para mudar e combinar qualquer uma das frases seguintes ou para criar uma frase própria.

- O dinheiro está começando a aparecer mais facilmente em minha vida.
- Estou aberto a novas avenidas de abundância.
- Paz e tranquilidade.
- Eu escolho a fé em vez do medo.
- Deus (o Universo) me apoia.
- Estou no processo de mudança positiva em relação à prosperidade.
- Meus pensamentos criam minha vida e eu escolho os positivos.
- Minha intuição está me orientando com pensamentos e ideias prósperos.
- Minha vida é repleta de abundância.
- A prosperidade é minha por direito.
- Eu escolho me concentrar na abundância.
- Tudo vai dar certo.
- Minha renda está constantemente aumentando.
- Minha intuição está me trazendo ideias para ter prosperidade.
- O dinheiro e as ideias para fazer dinheiro fluem para mim facilmente.
- O dinheiro flui livremente para minha vida e eu sempre tenho o suficiente para minhas necessidades.
- Estou aberto a novas avenidas de trabalho, dinheiro e criatividade.

De agora em diante, quando você começar a se sentir preocupado ou ansioso – pare. Substitua seus pensamentos anteriores com a frase que escolheu da lista.

Você não pode se preocupar com suas contas e se concentrar na abundância ao mesmo tempo. Escolha o pensamento que o deixa mais leve e que o direciona para onde quer ir. Se gostaria de se sentir deliciosamente próspero, leia este trecho do livro *The Power of Your Subconscious Mind* (*A Força do Poder Cósmico do Subconsciente*), de Joseph Murphy.

Eu gosto do dinheiro, eu o amo, eu o uso sábia, construtiva e prudentemente. O dinheiro está constantemente circulando em minha vida. Eu o libero com alegria e ele retorna a mim multiplicado de uma maneira maravilhosa. Ele é bom e muito bom. O dinheiro flui para mim em avalanches de abundância. Eu o uso apenas para o bem, e estou grato pela bondade e pela riqueza de minha mente. Eu sou um só com as riquezas infinitas de minha mente subconsciente. O dinheiro flui até mim copiosa, livre e infinitamente. É meu direito ser rico, feliz e bem-sucedido. Sou consciente do meu verdadeiro valor. Eu dou meus talentos livremente e sou abençoado financeiramente. É maravilhoso, e assim é.

Cuidado com a maneira como fala se quiser desenvolver um estado de mente equilibrado. Comece cada dia afirmando atitudes de paz, alegria e felicidade e seus dias tenderão a ser agradáveis e bem-sucedidos.

NORMAN VINCENT PEALE

Conforme você mantém seu foco consciente e deliberado na abundância, seu mundo começará a mudar. Fontes inesperadas de dinheiro aparecerão. Você começará a usar sua sabedoria interior para atrair novas ideias sobre maneiras de viver uma vida plena e bem-sucedida. Recursos e apoio começarão a fluir para você. Eles vão dar sua vez à ação e, antes que você possa ver, uma nova vida, livre de preocupações e ansiedade, será sua.

6. Visualize e viva seus sonhos

A visualização criativa é mágica no sentido mais verdadeiro e altivo da palavra. Ela envolve conhecer e alinhar-se com os princípios naturais que governam o funcionamento de nosso universo e aprender a usar esses princípios da maneira mais consciente e criativa.
SHAKTI GAWAIN

A MAIORIA de vocês já deve ter ouvido falar do poder da visualização. Consiste em manter em sua mente uma imagem de algo que você quer concretizar. Atletas olímpicos visualizam uma performance perfeita de seu evento individual. Vendedores frequentemente usam a visualização para se prepararem para uma reunião com um cliente em potencial. Neste capítulo quero mostrar como a combinação de visualização e emoção positiva pode aumentar as chances de tornar seus sonhos realidade.

Feche seus olhos por um instante e simplesmente imagine como seria ter todo o dinheiro de que você precisa. Faça isso agora... Sinta quaisquer emoções que se manifestarem e preste atenção às imagens que você receber. Você está sozinho? Se não estiver, quem está com você? Que época do ano é? Como é à sua volta? Você consegue distinguir algum cheiro, cor ou som? Amplie a imagem. Pense grande. Novamente, pergunte-se a si mesmo: "Como seria minha vida se eu tivesse todo o dinheiro de que preciso?"

> *O sucesso é uma manifestação externa de um foco interior, o resultado de direcionar os pensamentos para um alvo específico.*
> MARK FISHER

Quando fiz esse breve exercício, experimentei uma sensação intensa de segurança, conforto, amor e paz. A imagem que me veio à mente era a de uma cozinha *gourmet*, ampla e cheia de luz onde eu cozinhava. (Eu adoro cozinhar!) Eu estava olhando para fora e podia ver um campo tranquilo, cheio de flores, cercado por vários acres de floresta onde os pássaros cantavam. Um riacho lento corria através do canto de nosso quintal em direção a um lago que eu podia ver de relance da janela. Senti alegria por vivermos em uma casa tão agradável e graciosa. Minha mente saltou momentaneamente para aquele mesmo dia, à noite, em que eu estava rindo com amigos íntimos que tinham vindo jantar conosco.

Aquela visualização de trinta segundos define todos os elementos da prosperidade para mim. É uma fotografia de como é a sensação de uma vida próspera. Estou rodeada pela natureza, uma casa linda e os recursos para criar uma deliciosa refeição para meus amigos e minha família. Sua imagem obviamente será diferente. Pode envolver uma viagem ao redor do mundo, uma casa na cidade, um carro novo, ou a habilidade de ser um filantropo ou simplesmente ter a capacidade de fazer um trabalho que você ama, ou ter tranquilidade para pagar suas contas. O que quer que tenha imaginado fez você dar um passo consciente em direção à criação da vida próspera que deseja.

Você vai ler isso na Bíblia, ouvir de pessoas desde filósofos até físicos ou autores de livros de autoajuda – o que você vê em sua mente é o que você cria para si. As chaves são: (1) estar consciente do que você quer criar, e (2) praticar a arte de ver imagens positivas ou visualizações da realização bem-sucedida de seu objetivo.

Você pode pensar que nunca foi muito bom nessa coisa de visualização. Continuo dizendo que você foi extremamente bem-sucedido. Como posso dizer isso se nem ao menos conheço você? Olhe ao seu redor. Se vir áreas de sua vida nas quais tem sido bem-sucedido, você alcançou esses resultados através do poder das imagens que tem em sua mente. Por outro lado, se tem áreas em sua vida com as quais não está feliz, sem dúvida alguma tem criado imagens que também afetaram o resultado. De qualquer forma, você criou com sucesso em sua vida as imagens que tem mantido em sua mente. Agora, em quais delas decidiu se concentrar para que se torne o resultado de seu desejo? É esse o ponto importante!

Para ser honesta, há muitos fatores que geram o sucesso ou o fracasso em nossas vidas. Eles incluem tudo o que você está lendo neste livro – bate-papos internos positivos, preces, intuição, visualização e emoções, só para citar algumas. A habilidade de sua mente para imaginar e se concentrar em um resultado desejado é uma das ferramentas mais poderosas que estão à sua disposição. Todas as outras técnicas e métodos o ajudarão, uma vez que tenha a imagem de seu objetivo bem clara.

Vários outros livros e capítulos deste livro foram escritos sobre a arte da visualização. Muitos de vocês sabem que é considerado importante passar de cinco a quinze minutos por dia visualizando seus objetivos. Creio que há um componente essencial faltando em muitas das descrições da prática da visualização, que é a emoção positiva.

Tente o seguinte:

- Passe aproximadamente trinta segundos visualizando seu emprego ideal. Certo. Conseguiu?
- Agora passe trinta segundos visualizando aquele emprego ideal e preencha-o com sentimentos. Veja e sinta a si mesmo divertindo-se, apreciando seu dia. Imagine quão maravilhoso você se sente ao ir para o

trabalho. Quais são os elementos divertidos e prazerosos? Imagine a alegria de interagir com colegas que lhe dão apoio e apreciação. Como é o ambiente ao seu redor? Imagine quão maravilhoso se sente em um escritório perfeito para você. O que faz você se sentir bem? Aumente o volume desses sentimentos. Certo. Como você se sente agora?

Qual das duas técnicas descritas terá sucesso em gerar a energia correta para você magnetizar e manifestar o trabalho que você ama? Se escolheu a segunda técnica, com ênfase nas emoções fortes e positivas, você está certo.

Aqui vai uma técnica divertida e criativa para ajudá-lo a usar o poder de sua intuição para alcançar o sucesso. Você consegue se lembrar de uma época em sua vida quando se sentiu no topo do mundo? Pode ter sido uma época quando ganhou um prêmio e subiu ao palco e todo mundo o aplaudia. Talvez você tenha feito um recital e o fez de maneira perfeita e se sentiu orgulhoso de si mesmo. Talvez o evento tenha sido dar ao seu time o ponto que definiu a partida em seu favor. Qualquer que tenha sido o caso, escreva em seu diário.

Resuma em uma frase o próximo sucesso em sua vida. Exemplos podem ser um emprego ideal, uma vida próspera, uma descrição da casa dos seus sonhos. Qualquer que seja o caso, escreva no diário.

Descreva três diferentes cenas nas quais você tem o que quer. Pode ser que queira reler o parágrafo do começo do capítulo para ter mais ideias. Minhas imagens incluíam uma cozinha *gourmet* cheia de luz, uma bela casa e um jardim repleto de natureza. Para mim, esses são os símbolos da prosperidade que eu desejo. Escreva sobre suas cenas no diário.

> *Qualquer coisa que sua menteconceba ou acredite, ela pode alcançar.*
> NAPOLEON HILL

Escolha uma música que faça você se sentir realmente feliz e animado. Eu adoro dançar, então sempre escolho músicas dançantes dos anos 70 ou 80. Seu gosto pode ser música clássica, *jazz*, *new age*, *country* ou *rhythm and blues*. Não interessa qual o tipo de música, contanto que faça seu coração voar!

Coloque o CD ou a fita, feche os olhos e combine todos os elementos dos primeiros três passos: Eles são: (1) Traga à mente aquele momento em que você foi bem-sucedido. Passe aproximadamente trinta segundos imaginando e sentindo todas as emoções do evento. (2) Continue a apreciar aqueles bons sentimentos enquanto muda o foco para o que quer criar. (3) Visualize e sinta a emoção à medida que vê a bem-sucedida concretização de seus objetivos. Visualize e sinta os três componentes sobre os quais escreveu em seu diário. Entre na energia da música. Dance (ou pelo menos se mova) e permita que os bons sentimentos se expandam. Passe tanto tempo quanto quiser curtindo esta fase do exercício.

O jogo da vida é como um jogo de bumerangues. Nossos pensamentos, ações e palavras retornam a nós cedo ou tarde, com incrível precisão.
FLORENCE SCOVEL SHINN

Ufa! Abra seus olhos e olhe ao redor. Você acabou de potencializar sua energia de manifestação e magnetização. Você se sente bem? A vida que deseja está a caminho! Todos os *insights* que tiver à medida que escreve e visualiza sua vida ideal vêm da sua intuição comunicando-se com você. Seu entusiasmo e empolgação significam que o Universo está dizendo sim para seus objetivos.

7. Invista em uma vida de oração

A oração não é a superação da relutância de Deus, as sim o início da disposição de Deus.
PHILLIP BROOKS

VIVEMOS numa época de grande transição. Corporações estão diminuindo o número de empregados. Empregos que até então eram considerados seguros estão sendo eliminados. Você pode ser uma dessas pessoas que estão começando a rever sua vida profissional e seus anos de aposentadoria e está depositando sua fé e confiança em uma sabedoria Universal para que guie você. A meditação e a oração são duas ferramentas importantes que podemos usar para nos concentrarmos em uma vida próspera e bem-sucedida. Sua orientação interna vai colocar pensamentos em sua mente e oportunidades diante de você à medida que se move em direção aos seus objetivos.

Alguém uma vez me disse que a oração é quando nós falamos com Deus e a meditação é quando Ele responde. A oração nos conecta à inteligência invisível que está ligada à nossa alma. A oração é um pedido de ajuda e sabedoria. O filósofo Ralph

Waldo Emerson escreveu: "A oração é a contemplação dos fatos da vida do ponto de vista mais alto". Como você vê a oração e como pode usá-la para receber o *insight* e a orientação que deseja?

Cresci em um lar cristão. Não éramos particularmente religiosos ou espirituais. No entanto, todas as noites antes de dormir eu recitava a oração que para muitas crianças americanas era familiar: "Agora em minha cama vou deitar. Peço a Deus para minha alma guardar. Se tiver que morrer antes de acordar, peço a Deus para minha alma levar". Bom, não sei você, mas quando eu era criança aquilo me deixava apavorada. De alguma forma tinha entrado na minha pequena mente que, se eu não rezasse, Deus ia levar minha alma e eu morreria. Você poderia pensar que isso seria motivo para rezar ainda mais! Ao contrário, por muitos anos eu queria evitar completamente qualquer oração e via Deus como o inimigo que decidia se eu deveria viver ou morrer.

Durante muitos anos e após muita busca interior eu cheguei à conclusão de que Deus não era o velhinho em um trono olhando para nós lá do céu como imaginava quando criança. Em vez disso, comecei a sentir e vivenciar Deus como uma Sabedoria Universal, como Amor Divino e como uma forma de energia que queria apenas o melhor para mim. Vi que todos os desafios por que eu estava passando em minha vida eram presentes que Deus havia colocado ali para me ajudar a achar o 'caminho de casa'.

Aprendi que quando falava com Deus Ele respondia. Não era uma voz trovejante vinda das nuvens. Ele respondia através da constante e suave voz da minha intuição. Cada vez que eu me via com medo, ansiedade, raiva ou qualquer um dos pequenos e grandes infortúnios da vida, aprendi a pedir ajuda. Não era a prece da minha infância. Era mais uma conversa com um bom amigo.

As respostas vinham em uma variedade de formas. Meus problemas não se resolviam como eu imaginara. O dinheiro não jorrava dos céus e até então ninguém havia me deixado um milhão de dólares de herança! Algumas vezes as respostas vinham em um rápido pensamento: "Talvez eu pudesse tentar isto..." Em outras ocasiões, eu era atraída por um livro que continha as respostas que estava buscando. Muitas vezes a resposta para as minhas preces era uma injeção de ânimo para a minha autoconfiança quando eu mais precisava disso.

Reze. Reze. Reze. Presentes afetuosos de pensamento e cura nunca serão desperdiçados. A reza é a ativação de sua conexão com Deus.
BARBARA MARK E TRUDY GRISWOLD

Sejam suas preocupações a respeito do pagamento do aluguel deste mês, ou a dívida do cartão de crédito, ou um relacionamento difícil de se lidar, ou ainda o aparecimento de um problema de saúde, a orientação que você recebe de uma prece pode ser um bálsamo para sua alma. Deixe Deus saber dos seus pensamentos. Não precisa ser formal. É como uma conversa com seu melhor amigo. O que quer que esteja em sua mente é importante, por mais simples que pareça. Peça ajuda, *insight*, paz, força ou qualquer coisa que você deseja profundamente. Você sempre terá acesso a esta sabedoria interior, apesar de às vezes ser necessário prática e silêncio para aprender a ouvir e entender. A oração abre a cabeça para novas oportunidades. Quando você reza, está atingindo um Poder que é maior que você.

A própria natureza da oração coloca você em contato com uma sabedoria que guia sua vida. É a força que criou o Universo e que direciona o Sol a nascer todas as manhãs e a se pôr todas as noites. Você não iria preferir depositar sua fé neste Poder para ajudá-lo a resolver suas questões financeiras do que no 'pequeno você' da sua mente lógica e racional? Eu acredito que Deus veja quem você é intimamente e que você está aqui para aprender, e que Ele sabe o meio mais direto para você criar o que seu coração mais deseja.

A direção de Deus geralmente o leva para soluções, ela o leva pelas 'Estradas da Esperança', 'Pontes da Paciência', 'Alamedas do Amor' e 'Florestas da Fé' como um meio de ajudá-lo nos momentos de crise. Esses são os caminhos mais fáceis de se tomar. Por meio de seu livre-arbítrio, você também pode escolher a 'Rua da Raiva', a 'Montanha do Medo' ou a 'Avenida da Ansiedade'.

> *A oração é o único meio que pode trazer uma mudança em sua vida. Não importa a sua religião, ou se é praticante de uma, ou não. Se chegar a Deus com uma oração simples e afirmativa, você poderá curar seu corpo, trazer paz e harmonia para sua vida, aumentar seus contatos sociais e fazer da prosperidade uma realidade.*
> EMMET FOX

Você pode não saber como chegar ao destino chamado 'Prosperidade e Abundância'. Você precisará ouvir atentamente sua orientação interior para que o caminho lhe seja mostrado. Minha oração é que você permita que a esperança, a paciência, o amor e a fé o guiem até lá. A escolha é sua.

Muitos clientes me disseram que eles terão fé quando tiverem dinheiro suficiente e puderem finalmente relaxar. Será quando eles poderão vivenciar paz, alegria e harmonia. Minha resposta é que eles estão vendo tudo ao contrário. Primeiro você toma a decisão de ter fé de que tudo ficará bem. Você começa a entender que há uma abundância do que precisa. E acredita que merece saúde, prosperidade e amor, e se abre para permitir isso em sua vida. Começa a fazer escolhas porque está sendo guiado por sua orientação interior. Começa a abandonar a ideia de que é vítima das circunstâncias. Então você passa a confiar que se der um pequeno passo seguido por outro pequeno passo, a prosperidade vai começar a aparecer em sua vida. E ela vai.

Nós vivemos em um universo pleno e baseado no amor. O que você deseja em sua vida pode ser seu. Parte do plano do aprendizado é entender como aceitar esta riqueza, reconhecendo que você merece amor, cura e prosperidade. Não há virtude no medo e no sofrimento.

Eu me lembro de uma época em que eu literalmente não tinha a menor ideia de como rezar. Eu só sabia as orações da igreja e da minha infância, e elas não me traziam conforto real. Você pode ter uma experiência diferente. Por favor, faça o que lhe trouxer paz, alívio e conexão com o Divino. No entanto, se você achar que necessita de alguma ajuda com a oração de prosperidade, aqui vão algumas ideias.

1. Orações não precisam ser necessariamente ocasiões formais para as quais você dedica meia hora ou mais. Quando estiver em um estado de ansiedade por causa de suas finanças (ou da falta delas) faça uma breve oração. Feche seus olhos e imagine-se em contato consciente com Deus. Não se preocupe; não há como errar. Aqui vão algumas frases que podem ajudar:

- "Estou aberto e receptivo às novas avenidas do rendimento."
- "Ajude-me a ficar em paz com minhas finanças."
- "Peço orientação sobre como trazer prosperidade para minha vida."
- "Ajude-me a libertar-me de meu medo e saber que sou digno de abundância."
- "Eu afirmo uma vida de alegre prosperidade."

2. Quando você acordar pela manhã, antes de dormir à noite, e a qualquer hora do dia, simplesmente faça uma pausa para rezar. A Sabedoria Universal que é Deus está disponível a todo momento. Sinta sua conexão divina quando você para em um semáforo ou enquanto está tomando o café da manhã.

3. Meister Eckhart disse: "Se a única oração que você fizer em toda sua vida for 'Obrigado', será o suficiente". Faça uma oração de agradecimento cada dia por tudo o que você *já* tem. Conforme você se concentra em gratidão, sua vida fluirá com mais abundância.

Ainda precisa de um pouco de ajuda? Quais são as frases fáceis de se lembrar que você pode repetir a si mesmo quando fica ansioso, com medo ou deprimido em relação ao dinheiro? Podem ser versos da Bíblia, do Alcorão, um livro de orações ou qualquer outra fonte inspiradora de sua escolha. Ou use uma frase de conforto que seu pai ou sua mãe dizia quando você era pequeno. Coloque as palavras em um desses papéis de lembrete e grude na parede. Você também pode escrevê-las em uma tirinha de papel e colocá-la em sua carteira, talão de cheques ou algum outro lugar onde possa vê-las frequentemente.

Quando reza, você deposita sua confiança em uma vontade maior. Você se abre para a inteligência do Universo. Está dizendo na verdade: "Não sei o que é melhor para mim ou como agir. Ajude-me a entender. Ajude-me a me sentir inteiro". As orações verdadeiras alinham você à vontade de Deus. Se você escuta profundamente, ouvirá orientações. É sempre uma mensagem de amor, de esperança, e sim de prosperidade.

8. Anúncios de 'Precisa-se de ajuda' para Deus

Quando você aprende a decidir juntamente com Deus, todas as decisões tornam-se tão fáceis e corretas quanto respirar. Não há esforço e você será levado tão gentilmente quanto se estivesse sendo carregado por um caminho silencioso até o verão.
HELEN SCHUCMAN

QUERO compartilhar com você uma técnica que tenho usado durante anos. Sinto que ela tem um papel central na manifestação de milagres em minha vida. Tenho uma caixa em uma prateleira no escritório da minha casa com os seguintes dizeres: 'Precisa-se de ajuda'. Ela fica ao lado de uma linda escultura de um anjo de vidro que parece observá-la. Essa caixa contém cartas que eu mandei para Deus.

Como discuti no último capítulo, considero a oração um elemento vital para permitir a prosperidade em nossas vidas. A oração é como nós falamos com Deus, e a intuição é uma das maneiras como Ele responde. Sou um tanto quanto pragmática e às vezes eu me pergunto se Deus ouve minhas preces. Então inventei um sistema que satisfazia minha necessidade de obter algum tipo de sinal tangível de que eu estava enviando uma comunicação a Deus que eu queria que Ele ouvisse e tomasse alguma atitude. Funciona da seguinte forma:

Escrevo uma carta para Deus contando a Ele quais são minhas preocupações. Sempre sinto uma sensação de alívio quando faço isso. É como se eu estivesse desabafando com um bom amigo. Eu abro o coração sobre meus medos e ansiedades na carta. Então, dou um passo adiante. Faço pedidos específicos para Deus para que Ele me ajude de alguma maneira, sempre acrescentando: 'se isto for para o meu bem'. Longe de mim dizer a Deus o que fazer de minha vida! Mas gosto de pensar que Deus está interessado em me ajudar com minhas preocupações específicas e que vai me auxiliar de uma maneira única que eu nunca teria pensado sozinha. Acho que o Poder que criou o Universo e todos os seus habitantes certamente saberá como ajudar cada um de nós de uma maneira fácil e sem muito esforço.

Aqui vai um exemplo de uma carta que escrevi a Deus em 1986 e que coloquei na caixa de 'Precisa-se de ajuda':

Querido Deus:
Como o Senhor sabe, eu sou a gerente de operações de uma companhia de software. Eu realmente gosto do meu emprego e gosto das pessoas

com quem trabalho. No entanto, acho que tenho começado a ficar impaciente e não consigo parar de pensar que há algo mais que eu poderia fazer além deste trabalho.

Estou consultando uma conselheira de carreira há várias semanas e fico pensando que eu adoro a ideia de aconselhar as pessoas, e que tenho um interesse imenso em metafísica e intuição. Também estou interessada em ir atrás de uma carreira que me permita ser autônoma. Fiz algumas aulas de desenvolvimento psíquico e descobri que sou muito boa nisso. Quem sabe isso seja algo em que eu possa combinar todos os meus interesses?

Pedidos:
Gostaria de ter um negócio em período integral, bem-sucedido, que envolvesse leitura psíquica.
Gostaria de atrair pessoas maravilhosas com as quais eu tivesse prazer em trabalhar.
Gostaria de trabalhar em um escritório lindo e em um lugar bastante acessível, rodeado pela natureza.

Deus, se todas essas coisas forem para o meu bem, por favor, trabalhe comigo para que eu possa trazer tudo isso para minha vida. Obrigada por todas as Suas bênçãos. Continuo aberta à Sua orientação e direcionamento.
Amém.

Nas semanas seguintes continuei meu trabalho com a conselheira de carreira, que me ajudou a definir minha vocação. Também comecei um planejamento diário para visualizar meu lindo escritório e uma agenda repleta de clientes maravilhosos. Contei para um ou dois amigos sobre meus desejos. Minha principal preocupação era: "Como vou poder desenvolver uma habilidade tão excêntrica e transformá-la em um negócio?" Eu costumava brincar que se Deus colocasse um anúncio de 'Precisa-se de um Conselheiro Psíquico' na seção de empregos do *Boston Globe*, eu me candidataria. Tirando isso, eu não tinha muita certeza sobre onde começar, sabia apenas que devia estar alerta sobre qualquer orientação interna a respeito do que fazer em seguida.

Mais ou menos um mês depois, um amigo que estava havia muito tempo doente acabou falecendo. Assim que entrei na sala de seu funeral, senti uma forte inclinação de me sentar ao lado de uma mulher que eu nunca tinha visto antes. Eu me perguntei por que deveria me sentar ali quando a sala estava cheia de pessoas que eu conhecia. Mas o sentimento foi muito forte e então eu me sentei.

Ao final do funeral, a mulher e eu trocamos algumas palavras e ela me perguntou qual era o meu trabalho. Não sei se já aconteceu com você, isso de o cérebro e a boca não funcionarem de acordo. Aconteceu comigo naquela hora. Apesar do fato de eu trabalhar como gerente de operações, respondi: "Sou uma conselheira psíquica". Imediatamente fiquei alarmada. "Por que respondi isso?" "O que ela vai pensar?" Senti-me embaraçada com minha resposta. Para minha surpresa (e alívio), ela foi bastante receptiva.

Ela me perguntou se poderia agendar uma sessão comigo. Até aquele momento eu tinha feito leituras apenas para meus amigos e amigos de amigos. Aquele era um enorme passo e eu estava muito nervosa. Mas novamente eu me vi dizendo: "É claro", enquanto minha mente estava dizendo: "De jeito nenhum!" Eu não tinha consultório naquela época, então combinamos de nos encontrarmos na casa dela na semana seguinte.

BÊNÇÃO DA CARTEIRA:
Senhor, abençoe esta carteira.
Dia após dia torne-a cheia.
Que as notas possam dela sair e nela entrar,
Abençoando as pessoas em todo lugar;
Ajude-me a sabiamente receber e gastar;
Mostre-me o que devo comprar e emprestar.
Obrigado, Deus, pelas contas a pagar,
E pelas coisas que hoje vou precisar.
Quando ela estiver vazia, encha-a
novamente
De sua vasta e abundante fonte.
Amém.

A sessão foi ótima. Ela ficou empolgadíssima. Eu fiquei aliviada. No final daquela hora juntas, perguntei: "Você trabalha em quê?" Então ela me disse que era colunista do *Boston Globe* e que adoraria escrever sobre a sessão que tivera comigo!

Para encurtar a história – ela escreveu o artigo e, em poucos meses, mais de quatrocentas pessoas haviam ligado para agendar sessões. De repente, eu estava cuidando do meu próprio negócio! Creio que meu pedido de 'Precisa-se de ajuda' a Deus e minha disposição para seguir minha orientação interior criaram um negócio em período integral praticamente do dia para a noite. Eu tinha um novo escritório que dava para um belo jardim com uma linda paisagem, exatamente como eu havia pedido.

Você gostaria de criar seu próprio anúncio de 'Precisa-se de ajuda'? Não tenho muitas regras para isso. Acredito que Deus ouve seus desejos mesmo que você não os tenha expressado tão eloquentemente quanto gostaria. Você não tem que ser um bom escritor ou soletrar tudo corretamente. Você pode usar um computador ou escrever os pedidos à caneta, a lápis ou com giz de cera.

Diga quais são suas preocupações. Querido Deus (Universo) – Aqui vai o motivo de minhas preocupações. Escreva alguns parágrafos.

Diga o que você quer e faça-o da maneira mais específica possível. Não diga a Deus *como* você quer que Ele lhe responda. Ele tem recursos fascinantes, muito além das nossas formas limitadas, que podem fazer milagres acontecer e realizar nossos desejos.

Pemita que Deus tenha uma ideia melhor! Termine com algo que leve em conta o fato de que Deus possui uma sabedoria maior e pode ter planos melhores ou diferentes para resolver seu problema. Conclua com algo como: "Deus, se o que escrevi agora for para o meu bem, por favor, trabalhe comigo para trazer isto para minha vida. Obrigado por todas as Suas bênçãos. Permaneço aberto para sua orientação e seu direcionamento".

Crie uma caixa de correio para seus pedidos. Já tive alunos que criaram caixas elaboradas para guardar suas cartas para Deus. Elas eram obras de arte lindamente pintadas com palavras e símbolos inspiradores. Outros alunos simplesmente usavam uma caixa de sapatos ou uma dessas caixas de plástico, ou criaram um diário especial para os pedidos. Deus não se importa com a aparência de sua caixa de mensagens, mas, se você se sentir bem ao decorá-la, por favor, mãos à obra!

Espere por uma resposta. As respostas vêm em uma variedade de formas dependendo da natureza de seu pedido. Você pode querer tomar notas das indicações de que seu pedido está sendo respondido. Preste atenção a quaisquer momentos de *insight*, coincidências, sincronicidades, um pensamento persistente que aponta você em uma nova direção, ou qualquer fagulha de entusiasmo para contatar alguém ou começar um plano de ação específico. Deus vai começar a colocar as pessoas, ideias e situações corretas em seu caminho, para que seu pedido se desenvolva da maneira correta na hora correta e que seja uma solução que propicie ganhos para todas as pessoas envolvidas.

Bob Scheinfeld, autor do livro *The 11th Element* (*O 11º Elemento*), usa uma técnica similar àquela que descrevi aqui. Ele acrescenta outro passo, que eu mesma comecei a implementar. Periodicamente, ele revisa seus pedidos e vê que eles se encaixam em quatro categorias: (1) Ainda esperando manifestações; (2) Precisa ser revisado; (3) Não quero mais; e (4) Já realizado (ou sendo realizado no momento). Ele chama a este último de seu arquivo 'Consegui!' e sempre volta a ele para curtir seus êxitos.

Aqui vai outro exemplo de um pedido que fiz e a maneira como ele se manifestou singular no final.

Pedido:
Quero uma editora maravilhosa para meu próximo livro. (Em meu pedido de verdade, descrevi em mais detalhes o que 'maravilhosa' significava.)

O Universo responde: várias editoras estão com minha proposta para o livro *Compass of the Soul* (*Bússola da Alma*), e o processo de tomada de decisão está incrivelmente lento. Durante essa época, recebi um convite para falar em uma Igreja da Unidade em Kansas City, Missouri. Muitos dias antes de minha viagem, percebi que uma das editoras que estava considerando minha proposta, Andrews McMeel, estava sediada lá. Kansas City é um lugar grande. Eu olhei um mapa da cidade e descobri que meu hotel ficava a apenas duas quadras de lá. Eu tinha uma tarde livre, então liguei para a editora que estava com minha proposta e ela concordou em me atender. Várias semanas depois eu assinaria um contrato de uma editora que casava perfeitamente com a descrição do que eu tinha feito em meu pedido.

Com o que você quer ajuda? Você tem uma riqueza maravilhosa de sabedoria, inteligência e conexão que está a seu alcance se você pedir. Lembre-se, não tente entender *como* você conseguirá algo – apenas peça!

9. A Oração da Prosperidade

A oração programa a orientação divina dentro do computador mental. Não é uma abdicação da responsabilidade pessoal, mas sim uma profunda tomada de responsabilidade, o passo decisivo em direção à nossa total realização na Terra.
MARIANNE WILLIAMSON

A SEGUIR está a Oração da Prosperidade que escrevi há muitos anos. Tem circulado pela internet por três anos ou mais, e tenho recebido inúmeras mensagens e cartas de todo o planeta sobre sua eficácia. Quando você a lê, o retorno é imediato – você se sente melhor imediatamente!

A Oração da Prosperidade

Querido Deus:
Eu entrego minhas finanças pessoais e preocupações com o dinheiro a seu cuidado e amor divinos.
Peço que o Senhor remova minhas preocupações, ansiedades e medos em relação ao dinheiro e os substitua por fé.

Eu sei e confio que minhas dívidas serão pagas e que não faltará dinheiro.

Tenho apenas que olhar para a natureza para ver a prova da abundância que o Senhor oferece.

Eu me liberto de todos os pensamentos negativos sobre o dinheiro e sei que a prosperidade é meu estado verdadeiro.

Eu me comprometo a ser grato por tudo o que tenho hoje em minha vida.

Eu aprendo a gerenciar minhas finanças sabiamente, procurando ajuda quando necessário.

E, por último, peço que o Senhor me ajude a entender meu propósito de vida e agir de acordo com esse propósito com coragem e força. Eu sei que a prosperidade virá, em parte, através do trabalho que amo. Por favor, me ajude a usar minhas habilidades e conhecimento para estar a serviço do mundo.

Obrigado, Senhor.
Amém.

Há um grande número de pesquisas que indica que se você quer criar um novo paradigma em sua vida deve repetir essa 'nova coisa' todos os dias por trinta dias. Minha sugestão para trabalhar com a Oração da Prosperidade é que você a repita pelo menos uma vez ao dia durante um mês. Diga-a silenciosamente para si mesmo ou em voz alta. Escreva-a em um pedaço de papel para que possa lê-la quando começar a sentir velhas preocupações em relação a dinheiro aparecerem.

A seguir está uma explicação detalhada sobre a filosofia por trás da oração.

Querido Deus:
Deus é uma palavra forte para muitas pessoas. Acredito que Deus seja parte de nós, flua através de nós e dê vida ao mundo que nos rodeia. Estamos programados para receber a sabedoria de Deus. Eu vejo Deus como uma Inteligência, Sabedoria e Amor Divinos. Algumas pessoas substituem a palavra *Deus* e usam 'Universo', 'Senhor', 'Consciência Maior' ou 'Mãe Pai Deus'. Não interessa que palavra você usa para esta oração funcionar. Você precisa acreditar em Deus? Na verdade, não. Simplesmente saiba que suas palavras são ouvidas e esperam por uma resposta.

Eu entrego minhas finanças pessoais e preocupações com o dinheiro a seu cuidado e amor divinos.
Quando rendemos nossas preocupações e inquietações a Deus, nos rendemos a um Poder Maior que cuida do que é melhor para nós. Render-se é um conceito difícil para muitos de nós entendermos. No início, parece que estou sugerindo que você simplesmente 'desista', derrotado, ou 'largue mão' e finja que seus problemas financeiros não importam.

Nada disso é verdadeiro. A Sabedoria que controla o Universo sabe como fazer o Sol nascer pela manhã e se pôr à noite. Esta Sabedoria criou o corpo humano e todas as suas complexidades, que funcionam dia após dia de forma miraculosa. Criou os olhos que leem esta página, os ouvidos que escutam os sons ao seu redor, a sensação de toque conforme seus dedos viram esta página.

A autora e pastora Marianne Williamson sugere que se render é quando 'Aprendemos a confiar que o poder que move as galáxias pode dar conta das circunstâncias de nossas vidas relativamente pequenas'. O Universo sabe o que está fazendo! Você poderia dizer o mesmo sobre as batalhas em sua vida financeira? Se a questão de render-se lhe causa grande apreensão, gostaria de sugerir uma experiência – simplesmente tente fazer isto por um mês. Leia a Oração da Prosperidade três vezes por dia por trinta dias e escolha 'render suas preocupações' a Deus durante esse período de tempo. Não há modo certo ou errado de fazer isso. As orações que vêm do coração sempre são ouvidas.

Peço que o Senhor remova minhas preocupações, ansiedades e medos em relação ao dinheiro e os substitua por fé.

Muitos de nós trabalhamos sob a ilusão de que, se nos preocuparmos o suficiente com o dinheiro, iremos afastar as dívidas. Nada poderia estar mais distante da realidade. A preocupação, a ansiedade e o medo criam mais preocupação, ansiedade e medo. Eles não criam mais dinheiro. Novamente, por um período de trinta dias, gostaria de sugerir que você entrasse em um regime de preocupação. Conscientize-se quando tiver pensamentos com base no medo e na ansiedade. Lembre-se da oração e pare o processo de preocupação.

Para viver uma vida realmente próspera, você precisa se livrar do medo. *É* uma escolha. Até que vivencie a paz quando o assunto for dinheiro, você nunca será verdadeiramente próspero, não importa quanto dinheiro tenha.

Aqui vão algumas técnicas antipreocupação que funcionam:

Se você achar que simplesmente não consegue se livrar da preocupação, tente limitá-la a um período de cinco minutos durante uma hora específica do dia.

Encontre uma frase que você ache reconfortante, como por exemplo: 'Deus está cuidando disso'. Ou: 'Eu escolho ter fé em relação ao dinheiro'. Ou: 'Eu agora estou aberto e receptivo às novas avenidas do rendimento'. Diga isso frequentemente.

Reaja quando for necessário. Pedir a Deus para afugentar seus medos e substituí-los por fé não eximem você de dar certos passos para desatar uma situação financeira difícil. Você se sente inclinado a fazer o quê? Aja com base nisso.

Ouça a orientação. Orar é falar com Deus. Meditar e ouvir seu interior são as maneiras como você obtém as respostas. Peça pela ajuda de Deus sobre como começar a abandonar o medo e então prosperar.

Confronte seu medo. Norman Vincent Peale escreveu: "Quando você sente medo, faça aquilo que o provoca e logo você o perderá". Qual é a pior coisa que pode acontecer com você em relação a seus medos no âmbito financeiro? O que você pode fazer para evitar que a preocupação vire realidade? Faça isso!

> *Tempos difíceis me ajudaram a entender melhor quão infinitamente rica e bonita a vida é em todos os aspectos, e que tantas das coisas com as quais nos preocupamos não têm importância alguma.*
> ISAK DINESEN

Eu sei e confio que minhas dívidas serão pagas e que não faltará dinheiro.

Aqui vai um segredo que descobri ao trabalhar com meus milhares de clientes: a força do pensamento é poderosa. Os pensamentos (e as emoções que eles produzem) começam a criar a realidade que experimentamos em nossa vida. Quando você pensa em dinheiro, quais imagens aparecem em sua mente? Seus cartões de crédito no limite? Ser um pedinte nas ruas? Não poder pagar o aluguel ou o financiamento da casa? Continuar a trabalhar em um emprego que você odeia? Talvez você imagine a possibilidade de ser pobre pelo resto de sua vida...

Se alguma dessas possibilidades lhe parece familiar, gostaria que você decidisse trocar essas imagens. Estou pedindo que você aceite boa parte desta filosofia da oração sem provas, mas acredite em mim quando digo que as visualizações de seu atual estado de pobreza têm um efeito negativo em sua saúde financeira e emocional.

Feche os olhos por um instante e traga à sua mente uma imagem de como seria e como você se sentiria se tivesse a prosperidade que deseja. Passe alguns momentos visualizando esse resultado perfeito. Como você se sentiria se conseguisse o que realmente quer? Conforme visualiza essa imagem, sinta essas emoções. Acrescente algumas palavras às suas imagens. Use o que for melhor para você. 'Isto é ótimo.' 'Eu me sinto maravilhoso!' Imagine seus amigos e família comemorando com você. Faça o que puder para tornar essa imagem real e vívida.

Pergunte a Deus: 'Há algo que eu possa fazer neste instante que poderia permitir que essa prosperidade fluísse para minha vida?' Espere por uma resposta.

Abra os olhos quando se sentir pronto. Anote quaisquer ideias, pensamentos e impressões que possa ter tido.

Não aja simplesmente baseado no que você acha que faz sentido. Aja apenas com base nos impulsos que lhe pareçam divertidos, que o deixem empolgado ou que pareçam agradáveis a você. À medida que começa a mudar seu pensamento, o Universo começará a juntar as circunstâncias e sincronicidades que permitirão que você tenha a prosperidade que deseja. Essa é a parte da confiança! Não tente entender. Simplesmente deixe que aconteça.

Tenho apenas que olhar para a natureza para ver a prova da abundância que o Senhor oferece.

A abundância é nosso estado natural. Bloqueamos esse estado com o medo e a preocupação. Nós nos separamos desse fluxo. A Bíblia diz em Lucas 12:32 que 'Foi do agrado de vosso Pai dar-vos o Reino'. Pode ser que atualmente você não esteja vivenciando prosperidade em sua carteira ou talão de cheques, mas garanto a você que ela está lá para ser requisitada.

Quando começa a se preocupar que não há o suficiente para todos ou que Deus apenas distribui um suprimento limitado de material para uns poucos merecedores, olhe à sua volta. Respire fundo e deixe que toda a prosperidade tome conta de você. Inspire profundamente (não há limite para isso, certo?). Olhe para o ambiente ao seu redor. O que você vê? Dependendo da estação do ano e de onde você viva, verá folhas nas árvores, neve no chão, areia na praia ou grama no jardim. Você acha que Deus planejou este mundo maravilhoso e se esqueceu de incluir nele os meios para que você alcance seu propósito de vida e viva seus sonhos?

A cada dia, conforme você recita a Oração da Prosperidade, passe alguns momentos realmente assimilando a beleza e prosperidade de nosso mundo.

Eu me liberto de todos os pensamentos negativos sobre o dinheiro e sei que a prosperidade é meu estado verdadeiro.

Seus pensamentos interiores – o que você diz a si mesmo – fazem uma grande diferença na habilidade ou inabilidade para atrair riqueza material. Quando você constantemente se concentra em pensamentos negativos, pode apostar que vai atrair negatividade para sua vida.

Da próxima vez que um ataque sério de 'consciência de pobreza' se apoderar de você, reaja da maneira mais afetuosa possível. Fique alguns minutos sentado silenciosamente. Respire fundo e imagine-se sendo preenchido e rodeado pelo amor de Deus. Traga à mente a preocupação financeira que estiver chateando você e simplesmente pergunte: 'Há outra forma de encarar esta situação a fim de que eu me sinta melhor?' Abra seu coração e sua mente e espere pela resposta. Frequentemente o mero fato de fazer a pergunta trará a mudança de consciência de que precisa. Se você está enfrentando uma situação financeira difícil, afirme sua habilidade de gerenciar o que quer que apareça em sua frente e entregue o problema a Deus.

Você pode querer manter uma pilha de objetos inspiradores, como livros, cartões, fitas de áudio ou afirmações à mão para ajudá-lo a mudar seu foco. Esses objetos são uma ajuda especial para aqueles que acordam no meio da noite preocupados com dinheiro. Todas as intenções positivas do mundo parecem sair voando janela afora nessas horas vulneráveis antes do amanhecer.

Eu me comprometo a ser grato por tudo o que tenho hoje em minha vida.

Há duas frases que eu simplesmente adoro e que têm a ver com a questão da gratidão. A primeira é de Meister Eckhart: "Se a única oração que fizer na vida for um 'Muito Obrigado', já vai ser o suficiente". A segunda frase é de um escritor anônimo, que disse: "Se quiser sentir-se rico, simplesmente conte todas as coisas que você tem que o dinheiro não pode comprar".

O que há em sua vida neste momento e pelo qual você se sente grato? A palavra *abundância* não significa apenas 'prosperidade financeira'. Você é provavelmente rico além da conta em muitas áreas de sua vida. Talvez você seja:

- Rico em amigos.
- Abundante em boa vontade para com sua família.
- Abençoado com uma saúde fantástica.
- Enriquecido em experiências positivas de vida.
- Afluente em conhecimento e habilidade.
- Próspero com a natureza que rodeia sua casa.

Quando você começa a se concentrar na apreciação, sua intuição lhe fornecerá informações sobre como obter abundância financeira. Ela lhe dará ideias, pistas, impulsos, sentimentos, sensações e sonhos para levar você na direção correta. Mas, para poder receber esse conhecimento divino, você deve estar com seu canal aberto à aceitação dessas mensagens.

Às vezes a coisa mais importante em um dia inteiro é o descanso que temos entre duas respiradas profundas ou a hora em que nos voltamos para dentro para orar por cinco curtos minutos.
ETTY HILLESUM

Eu aprendo a gerenciar minhas finanças sabiamente, procurando ajuda quando necessário.

Já foi dito que 'Deus ajuda aqueles que se ajudam'. Isso é especialmente verdadeiro na área das finanças. Em meu trabalho, vi uma correlação clara entre quão bem eles gerenciavam seu dinheiro e sua habilidade para atrair mais. Aqui vai meu conselho: comece a aprender mais sobre como controlar seu talão de cheques, consolidação de dívidas (se for apropriado), opções de investimento, ações, fundos mútuos, consultores financeiros, e por aí vai.

Pode parecer uma tarefa ridícula quando você está com o saldo negativo em sua conta bancária ou com uma dívida enorme no cartão de crédito, mas faça isso mesmo assim. Há três razões principais para isso:

1. Você começa a atrair aquilo em que se concentra. Ao buscar meios para gerenciar seu dinheiro, você está concentrando sua atenção em prosperidade, não na falta dela.

2. Você precisará ter esse conhecimento para poder investir sabiamente o dinheiro que começar a atrair através da Oração da Prosperidade. Lembre-se daquele provérbio irritante: 'Os ricos ficam mais ricos, os pobres ficam mais pobres'. Parte da razão para isso é que os ricos sabem como gerenciar seu dinheiro muito bem. Agir como se fosse rico é uma ferramenta poderosa para atrair o que deseja.

3. Aprender mais sobre o gerenciamento de dinheiro pode ser um pouco pesado no começo. Você não precisa ser um especialista. Comece com coisas pequenas como ler um livro sobre finanças para iniciantes. Ou escolha alguma daquelas revistas mensais sobre dinheiro que chame sua atenção e que pareça fácil de entender. Se você estiver online, há muitos sites úteis para se visitar. A curva de aprendizado pode parecer um pouco íngreme, então, no começo, simplesmente leia o material para se familiarizar com a terminologia. Não pule este passo porque 'ele não é espiritual'. Vivemos em um mundo material e prático e ajuda saber as regras do jogo.

E por último, peço que o Senhor me ajude a entender meu propósito de vida e agir de acordo com esse propósito com coragem e força. Eu sei que a prosperidade virá, em parte, por meio do trabalho que amo. Por favor, me ajude a usar minhas habilidades e conhecimento para estar a serviço do mundo.

Você tem um propósito na vida. É aquilo que o deixa empolgado, aquilo que você adoraria fazer somente se tivesse alguns milhões de dólares e não tivesse que se preocupar com dinheiro. Faça isso de qualquer forma! Quando você está entusiasmado com alguma coisa, Deus está lhe dando uma pista sobre a direção correta a ser seguida. A raiz da palavra 'entusiasmo' vem da palavra grega *entheos*. Ela significa literalmente 'Deus dentro'.

Comece a confiar na paixão que você sente. Quando você ouve os sussurros de sua alma e dá pequenos passos adiante, seu propósito de vida começa a tomar forma e se manifestar claramente. É preciso coragem, confiança e força para começar a viver a vida para a qual você nasceu. Você tem acesso ao dom da orientação divina para ajudá-lo a começar a realizar seu destino. Cada vez que reza por ajuda e age de acordo com a orientação que recebe, você alinha sua mente com a mente de Deus. E entra em contato com um fluxo de amor e inteligência que o direcionarão à prosperidade e que o ajudará a cumprir seu destino.

Obrigado, Senhor.

Eu sei que o Senhor está aqui para me ajudar e sou muito grato por isso.

Amém.

A oração é sua conexão divina com Deus. Ela permite que você entre na esfera do amor, apoio, abundância e sabedoria que são suas por direito. Quando reza, você permite que a energia do Tudo-O-Que-Há flua através de você e crie milagres em sua vida. Se você não é um 'orador nato', faça uma tentativa. Não vai lhe machucar e prometo a você que... pode apenas ajudar.

10. Quanto é o suficiente?

Devemos nos transformar em artistas da vida.
Viver com inspiração significa sentir o toque divino em tudo;
entrar no espírito das coisas; entrar na alegria de viver.
ERNEST HOLMES

A DEFINIÇÃO de prosperidade em seu sentido mais amplo é 'bem-estar espiritual'. Não depende apenas de ter dinheiro suficiente no banco ou no bolso. Basta dar uma olhada nas manchetes de revista ou jornal para ver exemplos de pessoas ricas que são infelizes. Hugh Downs, um comentarista, disse muito bem: "Uma pessoa feliz não é alguém com determinados bens, mas sim uma pessoa com determinadas atitudes". A prosperidade tem a ver com saber que se tem as ferramentas e os recursos suficientes para viver uma vida saudável, empolgante e cheia de alegria.

Joey Dugan era um cliente com o qual trabalhei por vários anos. Ele era um homem charmoso e carismático com uma risada contagiante. O dinheiro parecia nunca deixar de vir. Ele tinha estado no topo por muitos anos graças à construção e venda de casas novas e condomínios de escritórios. Ele disse que se sentia onipotente. Os riscos eram estimulantes e ele adorava a ideia de criar um império imobiliário cada vez maior.

Um dia cheguei em seu escritório para uma sessão de consulta. Ele estava desanimado e confessou que, apesar de todo o dinheiro que estava ganhando, sentia-se vazio. Ganhar dinheiro, poder e fama o haviam motivado por muito tempo. Agora que ele tinha tudo o que queria e muito mais, não sabia o que fazer. Ele disse: "Parece que eu fui até o fim do mundo e agora não sei para que lado ir".

Sugeri que, em vez de criarmos estratégias de negócio como havíamos planejado, deveríamos falar sobre o que o fazia feliz. Era a hora de criar novos objetivos. Perguntei: "Se toda a sua riqueza acabasse amanhã, de onde você recomeçaria?"

Pode parecer surpreendente que uma pessoa com 'todo aquele dinheiro' pudesse estar tão infeliz, isso acontece com muitos de nós – ricos ou pobres – se não estivermos atentos ao nosso propósito de vida, esperanças e sonhos. O dinheiro não resolve os problemas da alma. De certa maneira ele pode até mesmo complicá-los. Muitas pessoas com uma considerável riqueza material se encontram presas na crença de que simplesmente adquirir mais 'coisas' vai fazê-las felizes. Esse caminho pode propiciar alívio a curto prazo conforme elas apreciam seu último brinquedo, mas está falido como veículo de mudança e alegria a longo prazo.

Aqui vai uma outra verdade simples – não importa quanto dinheiro uma pessoa tenha, ela geralmente quer mais. Pense um pouco. Quando você estava começando e ganhando uma quantia pequena de dinheiro, provavelmente achava que um aumento de 10% possibilitaria muitas coisas que você queria. Aquele aumento relativamente pequeno poderia lhe dar férias, um carro melhor ou roupas mais adequadas.

Adiante-se no tempo por alguns anos e talvez você já esteja ganhando 30% a mais do que ganhava em seu cargo inicial. Você já pode tirar férias todos os anos, ter um bom carro e usar roupas da moda. O que quer agora? Talvez você pudesse comprar sua primeira casa ou tirar férias mais caras.

Vá adiante por vários anos mais e, com um aumento de salário, seus sonhos se expandiram ainda mais. Agora você quer uma casa maior para sua crescente família ou um carro maior, ou talvez seja a hora de pensar em escola particular para as crianças.

Recentemente, conversei com uma mulher que tem muitos milhões de dólares guardados. Ela tem dinheiro suficiente para viver com comodidade o resto da vida. No entanto, ela ainda se sentia limitada por seus rendimentos. Em seu grupo social de vizinhos e amigos era muito importante usar o tipo certo de joias e roupas para ser aceito. Ela acabara de comprar um colar de vinte e cinco mil dólares e estava preocupada porque, para poder se sentir confortável em sua posição social, precisaria comprar várias peças de igual ou maior valor.

Isso é muito deprimente e provavelmente fará com que muitos de vocês se perguntem: "Quanto é o suficiente?" Se o que eu disse é verdade, a prosperidade sempre vai estar no próximo aumento, ou ao ganhar na loteria ou no acordo do seguro. Em outras palavras, a prosperidade está logo ali na esquina. Mas esse não é um grande modo de se viver, é? É o tipo de pensamento que permite a você usar seus cartões até o limite, apostar dinheiro frequentemente e viver na corda bamba financeira porque você vai conseguir aquela grande bolada 'logo, logo'.

Então, qual é a solução para este antigo dilema? A resposta está em uma frase um pouco contraditória:

O que você tem em sua vida agora é o suficiente.

Não há problema se você quiser mais.

Quando digo: "Você tem o suficiente", pode parecer brincadeira. Você pode olhar à sua volta e ver uma casa pobremente mobiliada, escrivaninha cheia de contas a pagar, geladeira vazia e um carro que quebra toda semana e ver grandes evidências do contrário.

Mas estou falando sobre 'suficiente' como um estado de consciência. Se conseguir dominar a maneira de pensar sobre a prosperidade, você mudará a maneira como o dinheiro flui até você. A maré da abundância virá mais plena e a vida se tornará pacífica. Aqui vai um exemplo de como uma pessoa próspera pensa:

"Eu escolho me concentrar em tudo o que tenho agora, e não no que não tenho ou luto para obter. Sinto-me em paz e sei que tenho tudo de que necessito. As ideias e oportunidades para melhorar minha situação financeira aparecem na hora exata. Eu ajo de acordo com elas com desenvoltura e entusiasmo. Eu sempre tenho o suficiente para o que realmente preciso e quero".

Pare de brigar com o dinheiro; a abundância é seu estado natural de ser. Se não consegue imaginar isso como uma verdade, experimente isso como uma ideia para os próximos meses, experimente com o pensamento, ou brinque de pensar. Pergunte a si mesmo: "O que uma pessoa que se sente realmente próspera estaria pensando neste momento?"

A maioria das pessoas pensa que quando tiverem um monte de dinheiro elas se sentirão prósperas. Eu afirmo que é o contrário. Quando você se sente próspero...

- Vê abundância em todo lugar ao seu redor;
- Sabe que está seguro;
- Entende que é merecedor exatamente do jeito que é;
- Imagina uma vida cheia de alegria;
- Para de lutar...

Você vai experimentar o estado de *Prosperidade Divina*. É um estado de mente e espírito que traz consigo a vida que você ama e a prosperidade que você merece.

Nem sempre é fácil mudar de uma posição na qual nos preocupamos sobre a falta de dinheiro o tempo todo para outra na qual nos sintamos em paz quanto ao dinheiro. Fazer pequenas 'pausas de abundância' durante o dia é uma grande maneira de se começar.

Quando procuramos dinheiro, ou um bom relacionamento, ou um excelente emprego, o que realmente buscamos é a felicidade. O erro que cometemos é não buscar a felicidade logo de cara. Se fizéssemos isso, todas as outras coisas viriam em seguida.
DEEPAK CHOPRA

Quando você começar a se sentir ansioso sobre a questão do dinheiro – policie-se – pare.

Respire lenta e profundamente.

Conecte-se com Deus da maneira que parecer apropriada e peça ajuda para mudar o rumo de seus pensamentos.

Continue a fazer isso por alguns momentos e comece a se concentrar em qualquer outra coisa que o faça se sentir melhor. Pode ser o sorriso de sua filha, o ronronar de um gato, o sol na sua pele ou o cheiro das flores que vem lá de fora. Não importa o que seja, contanto que mude seus pensamentos.

Respire mais uma vez, lenta e profundamente. Conforme você inspira, diga para si mesmo: "Estou em paz. A abundância me cerca e preenche minha vida. Tudo está bem".

Expire e retorne a este exercício tantas vezes quantas forem necessárias.

Agora, pegue seu diário de prosperidade e pergunte-se o que a frase seguinte significa para você: 'O que você tem em sua vida agora é o suficiente'. Escreva sua opinião a respeito disso, e então escreva sobre o que tem feito para impedir a prosperidade de fluir livremente em sua vida. Para terminar, escreva sobre o que você vai fazer para mudar isso. Suas respostas lhe darão alguns *insights* úteis sobre o que – e como – você pensa a respeito do dinheiro.

Você pode ser uma daquelas muitas pessoas que pensa que mais dinheiro equivale a mais felicidade. Se assim for, tenho algumas novidades que você provavelmente achará fascinantes. Richard Easterlin, um economista da Universidade do Sul da Califórnia, pesquisou mil e quinhentas pessoas sobre este tópico durante um período de três décadas, e suas descobertas revelam que a verdadeira fonte da felicidade para a maioria de nós equivale a mais tempo com a família e os amigos, além de – você acertou – boa saúde.

O psicólogo Ed Diener, da Universidade de Illinois, apoia as descobertas de Easterlin. Ele pesquisou os cem americanos mais ricos da *Forbes* e descobriu que eles eram apenas um pouco mais felizes do que o resto de nós. A pesquisa de Diener confirma que aqueles cujos rendimentos aumentaram em um período de dez anos não são mais felizes que aqueles cujos rendimentos não aumentaram.

O Dr. David G. Meyers, uma autoridade na psicologia da felicidade, diz que deveríamos entender "que a felicidade duradoura não vem do sucesso. As pessoas se adaptam às circunstâncias que mudam – até mesmo à riqueza ou a uma deficiência. Portanto, a riqueza é como a saúde: sua total ausência cria a miséria, mas tê-la (ou a qualquer outra circunstância que desejemos) não garante a felicidade".

O National Opinion Research Center (Centro de Pesquisa de Opinião Nacional) da Universidade de Chicago – ou CNORC – tem feito pesquisas sobre a felicidade nos Estados Unidos desde 1957. Desde aquela época, o número de pessoas indicando que são 'muito felizes' caiu de 35 para 30%. E, durante esse tempo, os americanos se tornaram duas vezes mais ricos e um pouco menos felizes. De fato, entre 1956 e 1988, a porcentagem de americanos que diziam que estavam satisfeitos com sua situação financeira caiu de 42 para 30%.

Então, o que *realmente* deixa as pessoas felizes? De acordo com as pesquisas do CNORC, as pessoas com cinco ou mais amigos íntimos têm probabilidade 50% maior de se descrever como 'muito felizes' do que pessoas com menos amigos íntimos. Quarenta por cento das pessoas que se disseram 'muito felizes' estavam em um casamento afetuoso.

E, para terminar, boa saúde e uma participação em uma comunidade ou um grupo religioso parecem concluir os indicadores de felicidade.

A lição? Continue atento à abundância, mas mantenha seu foco nas qualidades que o farão verdadeiramente feliz. Amor, perdão, gentileza e caridade são os atributos reais de uma vida bem vivida.

11. A PROSPERIDADE ESTÁ À SUA PROCURA

Bênção da Carteira:
Senhor, abençoe esta carteira.
Dia após dia torne-a cheia.
Que as notas possam dela sair e nela entrar,
Abençoando as pessoas em todo lugar;
Ajude-me a sabiamente receber e gastar;
Mostre-me o que devo comprar e emprestar.
Obrigado, Deus, pelas contas a pagar,
E pelas coisas que hoje vou precisar.
Quando ela estiver vazia, encha-a
novamente
De sua vasta e abundante fonte.
Amém.
ANÔNIMO

ESTE capítulo começa com um questionário bem fácil. Quais das duas pessoas descritas a seguir você acha que era a mais próspera?

Pessoa nº 1: "Eu hesito em tentar qualquer coisa nova porque um problema poderia surgir e causar ainda mais confusão em minha vida. Eu não gosto de mudanças. Para mim é difícil acreditar nos outros porque eles podem tirar vantagem de quaisquer novas ideias que eu tiver. Eu me sinto ressentido com as pessoas que têm mais dinheiro que eu. A vida não é justa. Eu não sei por que as coisas parecem funcionar para todo mundo menos para mim. Eu acho que simplesmente nasci azarado".

Pessoa nº 2: "Eu corro riscos de maneira adequada. Eu me sinto confiante sobre minha capacidade para criar coisas novas e maravilhosas em minha vida. As pessoas geralmente gostam e confiam em mim e eu gosto e confio nos outros. Eu sei que construo minha autoestima cada vez que dou um passo pequeno ou grande em direção a meus objetivos e tenho êxito. Eu aprecio a vida e tudo o que tenho".

Sei que a resposta é bastante óbvia. Você imediatamente quer votar na Pessoa no 2. Você tem uma sensação de que poderia provavelmente confiar nessa pessoa para gerenciar seus investimentos ou lidar com um certo projeto no trabalho. Poderia até gostar dessa pessoa a ponto de convidá-la para jantar e discutir oportunidades de negócios. Esta pessoa atrai o dinheiro para si porque se sente merecedora dele e porque se respeita o suficiente para ser cautelosa em relação a ele.

Você tem que contar com o fato de viver cada dia de uma maneira que acredite que o fará se sentir bem – para que, caso sua vida acabe amanhã, você estará contente consigo mesmo.
JANE SEYMOUR

Quando ouço pessoas que são bem-sucedidas, felizes e prósperas, o tema é constante. Elas visualizam o sucesso e têm uma expectativa positiva de êxito, e seus pensamentos e ações são consistentes com a antecipação de prosperidade e abundância. Elas veem seus sonhos e ambições em seu pensamento, ouvem sua orientação interior e agem de acordo com essa sabedoria. Você pode achar que elas são meramente *sortudas*. Eu as vejo de maneira diferente. É como se a prosperidade e o sucesso as buscassem. Elas magnetizam o que querem criar através do poder do pensamento e emoções.

Se você puder imaginar um pouco além, considere que há uma 'energia de abundância' que permeia o ar à nossa volta. Você acha que a Pessoa no 1 vai atrair abundância? Meu palpite é que mesmo que ela conseguisse algum dinheiro desta forma, ele logo desapareceria. Inversamente, se a Pessoa no 2 começar a atrair prosperidade, não tenha dúvidas de que ela a respeitará, irá tratá-la sabiamente e a investirá bem.

E você? Quando pensa sobre prosperidade e em viver uma vida rica, em que seus pensamentos recaem? Tente o seguinte exercício e confira.

1. Quando penso em dinheiro, eu me sinto esperançoso e otimista.
   ❏ A maior parte das vezes
   ❏ Às vezes
   ❏ Raramente

2. Eu me sinto orgulhoso de minhas realizações.
   - ❏ A maior parte das vezes
   - ❏ Às vezes
   - ❏ Raramente

3. Eu tenho confiança de que crio o que quero em minha vida.
   - ❏ A maior parte das vezes
   - ❏ Às vezes
   - ❏ Raramente

4. Reservo tempo para atividades divertidas, agradáveis e criativas.
   - ❏ A maior parte das vezes
   - ❏ Às vezes
   - ❏ Raramente

5. Separo um tempo para meu desenvolvimento espiritual e pessoal.
   - ❏ A maior parte das vezes
   - ❏ Às vezes
   - ❏ Raramente

6. As pessoas parecem gostar e confiar em mim.
   - ❏ A maior parte das vezes
   - ❏ Às vezes
   - ❏ Raramente

7. Gerencio minhas finanças sabiamente. Todos os meses faço um balanço de minha conta e fico ciente

da situação de todos os meus investimentos.
- ❏ A maior parte das vezes
- ❏ Às vezes
- ❏ Raramente

8. Sinto que sou uma boa pessoa, merecedora de ter muito dinheiro.
- ❏ A maior parte das vezes
- ❏ Às vezes
- ❏ Raramente

9. Todos os dias passo algum tempo apreciando tudo o que tenho.
- ❏ A maior parte das vezes
- ❏ Às vezes
- ❏ Raramente

10. Dou pequenos passos e corro riscos calculados para me sentir empolgado e entusiasmado com a vida.
- ❏ A maior parte das vezes
- ❏ Às vezes
- ❏ Raramente

11. Eu me mantenho longe de situações que continuamente sugam minha energia ou eu as resolvo.
- ❏ A maior parte das vezes
- ❏ Às vezes
- ❏ Raramente

12. Adoro aprender coisas novas e reservar um tempo para ler, fazer cursos ou estudar.
❏ A maior parte das vezes
❏ Às vezes
❏ Raramente

13. Frequentemente consulto meu 'guia interior de prosperidade' – minha intuição – para me direcionar ao caminho para o sucesso.
❏ A maior parte das vezes
❏ Às vezes
❏ Raramente

Se você marcou muitas respostas 'A MAIOR PARTE DAS VEZES': Você se sente bem consigo mesmo e reserva um tempo para a diversão e para cuidar de si próprio. Você fez muito progresso no departamento da autoestima. Sua intuição se comunica com você de muitas formas. Seu trabalho é manter os canais abertos e consultar sua orientação interna sempre que tiver uma dúvida, pergunta ou preocupação. As respostas estarão sempre lá, direcionando-o à prosperidade que você merece. Conforme você pede direcionamento, as respostas começam a fluir. Você se mantém o tempo todo em um Universo cheio de abundância e amor. À medida que continua a abraçá-lo, sua vida começará a se desdobrar de forma miraculosa.

Se você marcou várias respostas 'ÀS VEZES': Não pare quando as coisas estão meramente satisfatórias; continue a dar pequenos passos em direção à sua merecida felicidade, mesmo quando o caminho o levar para longe de sua zona de conforto. Quando você segue sua intuição ela invariavelmente o levará até uma vida de alegria. Sua intuição é um guia para a prosperidade. Quando você acredita em sua sabedoria e age de acordo com a informação que recebe, as portas se abrem, as oportunidades aparecem, as sincronicidades acontecem. Não tente entender logicamente como você alcançará seus objetivos. Há um elemento de confiança neste processo. Johann Wolfgang von Goethe disse: "Tudo o que você pode fazer, ou sonha que pode, comece. A ousadia tem engenhosidade, poder e magia dentro de si". A intuição é poderosa e os milagres realmente acontecem! Como alguém que já atingiu seu objetivo agiria? Aja como se o sucesso fosse certo. Saiba que você criará seus sonhos.

O futuro pertence àqueles que ousam.
ANÔNIMO

Se marcou principalmente respostas 'RARAMENTE': Espere que alguns contratempos aparecerão no caminho para a prosperidade. Eles são uma parte natural do processo de criação da vida que você ama, e todos nós conseguimos passar por eles. Eles nos ajudam a crescer e aprender. Não entenda os obstáculos que encontra como fracasso. Aprume-se, continue a experimentar e vá adiante com toda a coragem que puder reunir. Pergunte-se o que aprendeu e volte ao seu caminho. *Queira* seu objetivo com entusiasmo. Mude seu foco de 'Não consigo' para 'Como posso conseguir?' Fale com pessoas que darão apoio a você e a seu objetivo. Dê alguns pequenos passos em direção ao seu sonho e continue caminhando! Você chegará lá!

12. O CAMINHO PARA UMA VIDA SEM DÍVIDAS

*Fiz uma cirurgia plástica semana passada.
Eliminei meus cartões de crédito.*
HENNY YOUNGMAN

JANE sentou-se em meu consultório com lágrimas rolando pelo rosto. "Esse papo de criar abundância parece não funcionar comigo. Eu dou duro e tenho dois empregos e mesmo assim não consigo pagar minhas dívidas. Estou exausta de me sentir exausta. Acho que vou ser pobre pelo resto de minha vida".

Há provavelmente muitos que se sentiram assim em um momento ou outro da vida. Você pode ter se sentido assim após ter sido demitido de seu emprego, ou inesperadamente se encontre com uma conta médica enorme, ou ainda após um divórcio. Quaisquer que sejam as circunstâncias, nada disso é bom. Você tenta e tenta e nada muda. Sente-se preso em um ciclo infinito de mais trabalho e menos economias. Você está completamente concentrado nas contas, na dívida e na falta de esperança de resolver.

Jane não está sozinha. Com relação aos Estados Unidos, a típica família americana tem uma dívida no cartão de crédito de oito mil e quatrocentos dólares e aproximadamente 20% estão no limite máximo de seus cartões de crédito. A Receita Federal relata que mais de 40% das famílias gastam mais do que ganham. Uma pessoa nessa situação pode fazer o que para evitar entrar em um estado de pobreza e desespero? Tem três escolhas: (1) Pode desistir e gritar: 'Não dá mais!', e esperar que alguém ou algo apareça para o resgatar. (O que geralmente não acontece.) (2) Pode continuar fazendo o que está fazendo. (Tudo vai provavelmente continuar como está ou piorar.) (3) Pode escolher um novo destino, o que chamamos de 'abundância', e colocar um pé diante do outro e continuar caminhando.

Acredito que você prefira atingir a abundância em vez de se afundar em dívidas, então vamos descobrir o melhor caminho para levá-lo até lá! Vários dos passos a seguir vão imediatamente gerar dinheiro na sua mão para ajudá-lo na redução de suas dívidas. Outras dicas vão ajudá-lo a atrair a prosperidade que está buscando.

Mantenha seu foco na prosperidade. Isso pode não ser tão fácil quanto parece à primeira vista. Provavelmente você já passou muito tempo pensando no tanto que está falido e desperdiçou muita energia emocional se sentindo com medo. Isso acontece sempre que você está tendo pensamentos depressivos sobre o financiamento que vai vencer dentro de alguns dias ou sobre o cobrador que ligou ontem pedindo que você pague seu já vencido cartão de crédito.

Lembre-se – você atrai aquilo em que habitualmente se concentra. Então, por que você não quebra o ciclo? Quando aqueles pensamentos de sempre vierem à mente, cumprimente-os gentilmente e então concentre-se naquilo que realmente quer. Algumas pessoas acham útil ter uma palavra, ação ou frase para quebrar o hábito da consciência de pobreza. Uma amiga simplesmente pensa na palavra 'Próximo!' quando tenta mudar seu foco. Uma outra pessoa carrega uma pedrinha com a palavra 'prosperidade' gravada nela. Ela toca na pedra frequentemente para se lembrar de sua intenção final. O que funcionaria para você?

Fale positivamente sobre o dinheiro. Em outras palavras, pare de falar sobre quão falido você está. Pode ser verdade que no momento você esteja em uma situação financeira difícil. No entanto, a maneira mais certa de permanecer assim é ficar dizendo ao mundo quão difícil está sendo! Agora você não tem apenas a sua própria energia focalizada no problema, mas a de todo mundo também!

Deixe sua mente dançar em um mundo além do óbvio e você acessará um baú de tesouros mais gloriosos do que aqueles pertencentes ao bilionário mais rico do mundo.
ALAN COHEN

Quais destes dois sentimentos parece melhor para você? "Sou pobre. Estou falido. Não tenho dinheiro suficiente. Nada funciona comigo". Ou: "As coisas estão dando uma guinada. Eu tenho um plano de ação. Eu sei que as coisas estão começando a melhorar para mim". É necessário um pouco de disciplina para parar e mudar os pensamentos, sentimentos e palavras, mas vai fazer toda a diferença na criação das circunstâncias para uma vida nova e próspera como a que deseja.

Livre-se da bagunça e ganhe dinheiro. Os especialistas em *feng shui* dizem que livrar-se de tudo aquilo que você não quer, limpar a bagunça e organizar o que resta o ajudará a criar um 'fluxo de energia' que o deixa aberto para mais riqueza em sua vida. Tão importante quanto isso, vender, trocar ou doar esses itens indesejados para a caridade podem ser uma fonte de renda também.

O que você tem em casa ou no escritório que não usa? Há roupas que você não veste mais ou uma coleção de CDs que está só juntando poeira? Dê uma boa olhada em tudo o que não tem usado há mais de um ano. Pense em doar suas coisas para uma instituição de caridade e consiga um recibo para aproveitar em sua próxima declaração de renda. Faça uma lista de doações. Talvez de alguma maneira consiga reduzir impostos. Para criar dinheiro vivo, pense a respeito de um bazar da pechincha, coloque um anúncio no jornal ou tente vender tudo no Mercado Livre.

Preste atenção às pequenas quantias. Sua dívida não apareceu da noite para o dia. Você provavelmente a atribui aos itens mais caros: o carro que comprou há dois anos, as férias que tirou no último inverno ou o guarda-roupa para a nova profissão. O que pode surpreender você, no entanto, é como os pequenos itens podem piorar tudo. Meu marido e eu fizemos uma experiência. Compramos uns caderninhos e individualmente anotamos cada item que compramos durante um mês. Ao final de trinta dias, revisamos nossas listas recheadas de anotações sobre bolinhos, água mineral, revistas, suco, café, almoços ocasionais e cinema – nada de errado com isso. Mas ficamos chocados com o total que deu!

Se você for como muitas pessoas, talvez compre um sanduíche para almoçar na lanchonete mais próxima. Digamos que uma combinação de refrigerante, um pacote de batatas fritas e um sanduíche custe mais ou menos uns sete reais. Se você almoça fora todos os dias, isso vai custar trinta e cinco reais por semana. Se multiplicar isso por cinquenta e duas semanas por ano, o total será de mil, oitocentos e vinte reais por ano. Isso seria uma boa quantia para se colocar em um fundo de aposentadoria ou para pagar sua dívida. É o suficiente para convencê-lo a fazer sanduíches de presunto e queijo para o almoço diário! Entenda que não estou querendo fazer você desistir dos almoços em lanchonetes, revistas, seu café matinal ou qualquer outra coisa que lhe seja prazerosa. Estou apenas sugerindo que conscientemente escolha onde quer gastar seu dinheiro. Tente esta experiência por um mês e veja para onde vai seu dinheiro.

Crie um plano de abundância financeira. Há poucas coisas piores que o sentimento de desespero ao se abrir uma conta e não se saber de onde o dinheiro virá para poder pagá-la. Você começa a se autorrecriminar: "Como fui deixar isto acontecer?", e continua em direção à falta de esperança: "Nunca vou conseguir ir pra frente". Você instantaneamente entra em desespero. Mantenha a calma antes que se abata ainda mais. É apenas um pedaço de papel. Ele não representa você, sua autoestima, inteligência ou potencial. O fato é que vários governos no mundo inteiro sobrevivem com as dívidas, então você não está sozinho nisto.

A maioria de nós se sente envergonhada quando estamos numa situação financeira que saiu do controle. Há muitos meios de se lidar com essa situação, desde o pouco prático – jogar as contas fora ou evitar os cobradores – até o prático – ter um plano de ação para pagar a dívida. Este último não apenas o fará se sentir melhor, como também é a única coisa que funcionará a longo prazo. Se a tarefa de pagar suas dívidas parece realmente impossível, consiga ajuda. Um bom consultor financeiro ou um serviço de aconselhamento de crédito respeitável podem ser um ótimo começo. Eles não apenas negociarão prestações menores para muitos cartões de crédito, mas também acompanharão você e criarão um plano para priorizar pagamentos, ajudando-o a economizar dinheiro.

O mais importante de tudo, de um ponto de vista consciente, é que sua energia será liberada para começar a atrair o dinheiro que você merece. Aqui vai uma outra maneira de se pensar a respeito de tudo isso. Suponha que você tenha uma amiga que é totalmente desorganizada em relação ao dinheiro. Ela está constantemente endividada, e não tem a mínima ideia de quanto possui ou de quanto tem disponível para gastar por mês. Você gostaria de emprestar dinheiro a ela? Não. A mensagem que ela passa para você é: 'Não sou boa com dinheiro'. Essa é a mensagem que ela apresenta ao Universo também. Considerando-se tudo o que já leu neste livro até agora, você acha que ela é alguém que irradia a energia para atrair prosperidade?

Aprecie suas contas. Eu juro que não estou ficando maluca ao dizer isto! Mas, para ser mais específica, aprecie o que suas contas *representam*. Você tem um financiamento para pagar porque tem um lar maravilhoso para viver. Você tem uma conta de dentista porque seus dentes estão saudáveis e não sente mais dor. O crédito educativo representa uma educação superior que vai ajudá-lo a ganhar mais dinheiro em um emprego que você ama. Os recibos de compra de alimentos demonstram sua habilidade de alimentar sua família. Está vendo? O segredo está na maneira como você pensa a respeito de tudo isso!

Hoje vou planejar minhas finanças e aceitar o que tiver que ser, sempre confiando que o Universo proverá.

YVONNE KAYE

À medida que você paga suas dívidas ou as elimina completamente, lembre-se de agradecer ao Universo pela prosperidade obtida. A gratidão atrai mais abundância. Cada vez que você se senta com o talão de cheques, mande uma oração silenciosa de agradecimento. Agradecimento pelo dinheiro que tem, pelo dinheiro que continuará vindo no futuro e por tudo o que você tem em sua vida agora e que o dinheiro comprou no passado. Abra seu coração ao canal da riqueza e diga: "O dinheiro flui em minha vida. Estou aberto e receptivo a todas as avenidas do rendimento".

13. Passos de sucesso no caminho da riqueza

Estamos buscando aquela química que é tão forte que acende nossa paixão. Esse tipo de clareza, eu aprendi, é muito raro. A maioria das pessoas só dá um passo de cada vez. Elas seguem uma intuição e se transformam ou se deparam com algo que amam, descobrindo talentos que não sabiam que possuíam.

PO BRONSON

RECENTEMENTE, almocei com uma colega. Era a primeira vez que Janet e eu saíamos juntas fora do ambiente profissional. Contamos uma à outra uma breve história dos altos e baixos de nossas carreiras. Janet tinha sido demitida de um emprego como advogada imobiliária anos atrás, e tinha transformado sua paixão por educar as pessoas sobre gerenciamento financeiro em uma nova carreira como palestrante, consultora e escritora. Eu falei sobre a época em que tinha me mudado para Nova York para assumir um emprego em uma companhia recém-aberta, que acabou fechando apenas dois meses depois. Pouco tempo depois do ocorrido comecei a dar os primeiros passos em direção ao que se tornaria a carreira da minha vida.

Durante nossa conversa me ocorreu que aqueles momentos em que as coisas pareciam estar mais difíceis tanto para mim como para minha colega foram, na verdade, bases de lançamento para novas carreiras, oportunidades, realização de vida e mais prosperidade. Não parecia nada disso naquele momento. Lembro-me muito bem do medo, da preocupação e da ansiedade que me consumiam após eu ter perdido meu emprego. No entanto, aqui estou eu, muitos anos depois olhando para trás, vendo aqueles eventos e reconhecendo que a mão Divina teve papel fundamental em tudo o que aconteceu. Durante a época em que tudo estava acontecendo eu estava perto demais para ver tudo aquilo. Teria me sentido muito melhor se soubesse o que sei agora. O que parecia um beco sem saída, ou pelo menos um desvio, era na verdade uma série de passos de sucesso que me colocaram na direção correta.

Poucas pessoas conquistam o sucesso do dia para a noite. "Não sei como fazer! Não sei como chegar daqui até lá!", é o protesto que ouço de muitas pessoas quando discutimos a possibilidade de viverem a vida de seus sonhos. Não ser capaz de descobrir exatamente como chegar da fase do desejo para o estágio da realização deixa a todos nós perplexos. É a parte que requer fé, confiança, coragem e perseverança. No entanto, todas as pessoas de sucesso foram iniciantes um dia. Elas começaram como você e eu, a maioria delas sem muita certeza sobre como encontrar o caminho para os objetivos que queriam alcançar. Elas aprenderam a dar pequenos passos para chegar aonde queriam.

Quando aprende a ouvir seu guia interno de prosperidade – sua intuição – *você receberá* um mapa com o passo a passo em direção aos seus objetivos. O que você poderia fazer hoje? Existe algo que esteja bem na sua frente que desperte seu interesse ou paixão? Sua intuição pode lhe dar um empurrãozinho em direção a algo que pode não fazer sentido lógico. Entretanto, é importante aprender a confiar nesses impulsos. Eles quase sempre o levarão de volta ao caminho em direção à decisão certa. Sua mente racional o ajudará a descobrir aonde quer ir. Sua mente intuitiva mostrará a você o caminho mais direto.

Todos nós uma hora ou outra tivemos de fazer uma grande mudança em nossas vidas. Pode ter sido por causa de uma demissão, ou porque teve que se mudar para outro estado com sua companhia. A mudança pode ter sido o resultado de uma crise de saúde que o impediu de trabalhar por algum tempo. Às vezes a mudança não é algo imposto, mas algo que você mesmo tenha escolhido. Você pode ter decidido voltar a estudar, trocar de carreira ou ficar em casa com um filho.

Aumente sua habilidade de se manter no fluxo saindo de casa, conversando com as pessoas, fazendo contatos, afastando-se de onde é seguro e confortável, forçando suas zonas de conforto e se expandindo. É assim que a torneira do fluxo é aberta – pela criação de energia todos os dias para que o Universo como um todo possa pôr em movimento suas leis magníficas e lhe dar ainda mais energia.

STUART WILDE

Como você sabe qual é a hora certa de fazer uma mudança e começar a dar os pequenos passos que, com esperança, o levarão ao sucesso e a uma abundância maior? Aqui vão alguns pontos a serem considerados que podem ajudá-lo a se decidir:

Você está entediado com o que faz? O tédio é uma dessas mensagens da intuição dizendo que uma mudança faz-se necessária. É um sinal de que sua energia está sendo sugada e de que algo novo precisa acontecer. Tenha em mente que a mudança necessária pode ser simplesmente uma mudança de atitude ou uma nova maneira de encarar alguma coisa. Também pode significar que é hora de agir e fazer uma mudança maior e tangível em sua vida.

Como você se sentirá se não fizer a mudança? Esta é uma pergunta poderosa a se fazer. Imagine-se alguns meses ou alguns anos no futuro. Visualize sua vida se você *não* fizer a mudança que está considerando. Se o sentimento predominante é o de arrependimento e tristeza, é hora de dar um salto e fazer o que você quer fazer. O caminho daqui em diante será certamente tranquilo? Não. Li recentemente uma frase de Marilyn Moats Kennedy. Ela disse: "É melhor ser corajosamente decidido e arriscar estar errado do que agonizar por um longo tempo e estar certo tarde demais".

Quais são os cinco 'passos de ação' que você poderia dar? Olhe sua lista e pergunte-se qual tem a maior vitalidade. Há algum que se destaque e o faça se sentir empolgado e apaixonado? Esses fortes sentimentos são outro indicador intuitivo de que você está na direção correta. Lembre-se, não precisa ser um salto enorme. Se parecer grande demais, provavelmente há algumas maneiras de dividi-lo em passos menores e menos arriscados.

Qual é a pior coisa que poderia acontecer? É normal que se sinta pelo menos um pouco ansioso quando está a ponto de fazer algo novo e diferente. É esta a hora de usar o lado esquerdo do cérebro – o lado lógico – para refletir nas possíveis consequências de suas ações. Apenas não exagere nesta parte! Seja tanto realista quanto criativo. Você tem dinheiro suficiente para se sustentar durante a transição? Se não tiver, quais são algumas maneiras inovadoras de criar reservas financeiras? Sobre quais pessoas sua decisão terá um impacto? Tenha certeza de que elas estejam a par. O que você precisa para tornar a mudança o mais fácil e descomplicada possível?

O segredo de progredir é começar.
O segredo de começar é dividir suas tarefas complexas e árduas em pequenas tarefas realizáveis, e então começar pela primeira.
MARK TWAIN

Em sua revista *O*, Oprah Winfrey declarou: "Acredito que descobrimos nossos destinos nas coisas mais simples – em uma fascinação por alguma palavra, na emoção que a risada de uma criança evoca e até mesmo em uma canção familiar que ficamos cantarolando. Se você prestar atenção às dicas – das vezes que você se sentiu mais feliz, mais totalmente engajado, mais conectado a si próprio e aos outros – você sempre será levado ao próximo lugar melhor". Você se sente tentado a começar por onde? O que tem que ser feito primeiro? Como você pode fazer a diferença hoje?

O que o atrai? Se você ainda não fez isto, escreva o que realmente quer e seja o mais específico possível. Escreva tudo o que souber sobre seu emprego desejado. Descreva um dia, uma semana, um mês ou um ano ideal. Quanto dinheiro você gostaria de ter ou ganhar? Que tipo de casa gostaria de ter? Descreva o tipo de carro que gostaria de dirigir. Coloque nessa lista tudo o que for importante para sua vida ideal e mantenha-a em um lugar onde possa vê-la todos os dias.

Use estímulos visuais. Tenho uma colagem na parede em frente à minha escrivaninha que visualmente ilustra o que quero criar. Você pode ter um amuleto que sempre carrega consigo ou um poema que o inspira. Seu estímulo visual pode ser uma foto sua tirada em um momento em que se sentia ótimo. Se você se sente inspirado quando vê esses objetos, então o que escolheu é perfeito.

Ouça e leia palavras inspiradoras. Compre ou alugue fitas ou CDs de oradores motivacionais. Ouça-os quando for para o trabalho de manhã ou antes de ir para a cama à noite. Há pesquisas que indicam que *ouvir* algo faz com que a mensagem seja percebida de forma diferente pelo cérebro do que *ler* algo. Se funcionar, por que não fazer ambos? Se você sente a necessidade de encorajamento para sair de um caminho de pobreza e entrar em um fluxo de prosperidade, leia livros sobre pessoas que deram seus próprios passos de sucesso e criaram uma vida que amam.

O filósofo Epíteto compartilhou sua versão da sabedoria de se dar pequenos passos quando disse: "Nada do que é grande surge repentinamente, nem mesmo um cacho de uvas ou um figo. Se agora me disseres que queres um figo, respondo-te que é preciso tempo. Antes de tudo, deixa virem as flores, depois que se desenvolvam os frutos e que amadureçam". Seja gentil consigo mesmo à medida que cria as mudanças em sua vida. Deixe-se abrir ao processo que se desdobra e siga sua sabedoria interior. Ela sempre o levará na direção correta.

14. A GRATIDÃO É CAPAZ DE MILAGRES

É bom ter dinheiro e as coisas que o dinheiro pode comprar, mas é bom, também, conferir de vez em quando para ter certeza de que
você não perdeu as coisas que o dinheiro não pode comprar.
GEORGE LORIMER

TENHO certeza de que você já viu algo parecido em algum jornal ou revista de finanças: "Querido consultor financeiro: tenho vinte e sete anos e minha esposa tem vinte e cinco. Temos dois filhos pequenos. Possuímos uma casa no valor de 350 mil dólares, 450 mil dólares no fundo mútuo X e 225 mil no fundo mútuo Y. Nossa renda anual é de 150 mil..." Não sei você, mas eu geralmente perco o interesse já na terceira frase.

A maioria de nós nos comparamos com os outros e imaginamos se estamos à altura deles. É difícil não espiar as histórias das pessoas que "conseguiram". As notícias da mídia estão cheias de informações sobre o preço do vestido da Madonna, o último brinquedinho caríssimo ou o custo de um imóvel fabuloso comprado por uma celebridade. O que geralmente acontece é que você começa a pensar em tudo aquilo que *não tem* e se sente ainda mais pobre se for comparar.

Sugiro que você trabalhe para mudar o foco desses julgamentos internos e acorde para o que é real. Comece a expressar gratidão por tudo aquilo que já tem. A verdade é que aquilo no qual você se concentra se expande. Você quer aumentar o sentimento de escassez e falta pelas comparações intermináveis? Ou quer aumentar sua abundância se concentrando na apreciação pelo que já tem?

> *Nos momentos em que as coisas ficam ruins – especialmente nesses momentos – veja apenas a perfeição, expresse apenas a gratidão e imagine apenas qual manifestação da perfeição você escolherá em seguida.*
> NEALE DONALD WALSCH

Apenas por um momento, traga à mente algo que alguém tem que você quer. Pode ser um carro novo, uma roupa de marca famosa, uma casa enorme ou alguma joia. Pense nessa comparação por trinta segundos. Como você se sente? As palavras que eu frequentemente ouço as pessoas dizerem ao fazer esse exercício são: sufocado, vazio, imprestável, invejoso, sem esperança, ressentido e desesperado. Você sabe lá no fundo de sua alma que esses não são sentimentos que melhoram a prosperidade ou o bem-estar financeiro. É quase como se essas emoções fortes criassem uma energia de resistência que afasta as coisas boas que você deseja.

Agora tente o oposto. Pense em algo que você tem no momento e do qual se sente muito orgulhoso. Você poderia tentar refletir em itens menos materiais como o fato de ter bons amigos, vizinhos gentis, uma ótima saúde, um cônjuge que o apoia ou filhos maravilhosos. Reflita sobre esses pensamentos de gratidão por trinta segundos também e preste atenção em como você se sente ao final desse tempo. Você provavelmente usará palavras como: aberto, grato, forte, feliz, esperançoso, aliviado, agradecido e revigorado. Qual grupo de pensamentos e sentimentos você acha que o deixa mais aberto para receber mais bênçãos abundantes em sua vida?

Oprah Winfrey definiu esse conceito muito bem quando disse: "Quando se concentra em todas as razões que tem para ser grato, você se abre para receber ainda mais coisas boas – e mais coisas boas virão até você. À medida que se sente próspero, você estará disposto e capaz de passar coisas positivas aos outros".

A gratidão é capaz de milagres no sentido de uma vida abundante e próspera. O que você quer cultivar? Se alimentar pensamentos como: "Não tenho o suficiente", "Nunca me livrarei das dívidas" ou "Nunca poderemos comprar isso", você estará simplesmente proliferando ervas daninhas.

Inversamente, pense sobre o que acontece quando você alimenta pensamentos de prosperidade e gratidão. "Nós temos algo maravilhoso e saudável para comer." "Meu carro está funcionando bem e me leva e traz de meu trabalho." "É bom ter um emprego em um momento econômico tão ruim." "Eu aprecio meu corpo saudável e a energia que tenho para fazer todas as coisas que quero." Esses são pensamentos que cultivam uma vida rica e atraem a riqueza material que você deseja e merece.

Adquira o hábito de observar e prestar atenção à riqueza onde quer que você a veja e a experimente. Você ficará preso à escassez caso se concentre naquilo que não tem. É necessário apenas prática para mudar o foco da falta para a abundância. A prosperidade não é algo *lá longe* esperando que nós a encontremos. É algo que existe agora. É o estado natural do Universo. Quando você é grato, não está bloqueando o fluxo de abundância, mas sim se abrindo para ele.

> *Um coração grato e generoso é como um ímã. Quando você para um pouco para agradecer a abundância em sua vida e compartilhar a riqueza, atrai ainda mais bênçãos e razões para se sentir grato. Desse modo, receber e dar criam um círculo de energia que nos serve a todos.*
> CHERYL RICHARDSON

Pelo que você se sente agradecido? Aqui vão algumas ideias:

1. O que você gosta em seu trabalho?
2. Como descreveria as três melhores qualidades de seu cônjuge?
3. O que seu melhor amigo faz para apoiá-lo que o deixa feliz por ele ser seu amigo?
4. Descreva algo que você se orgulha de ter conseguido realizar nesta semana, neste mês ou neste ano.
5. O que seus filhos estavam fazendo da última vez que o fizeram rir?
6. O que você gosta muito em sua casa?
7. O que o faz sorrir?
8. Descreva algo que você possui no momento que o faz sentir-se bastante orgulhoso.
9. Quando você está em contato com a natureza, o que faz seu coração voar?
10. Que qualidade positiva você desenvolveu graças à criação que teve?

Não estou sugerindo que deve pular de alegria quando algo ruim acontece, mas que você esteja aberto a um novo jeito de ver a vida a partir de agora. Eckhart Tolle, autor de *The Power of Now* (*O Poder do Agora*), sugere que: "Quando você está cheio de problemas, não há espaço para nada mais entrar, nenhum espaço para uma solução. Então, sempre que puder, abra um pouco de espaço, para que possa encontrar a vida debaixo de sua situação atual".

Encontre um meio de mudar o jeito como você olha para o que está acontecendo em sua vida e encha-o de gratidão. Essa é uma das maneiras de criar o espaço do qual Tolle fala. Use todos os seus sentidos. Quais são os sons que você ouve? Os cheiros que sente? O que vê ao seu redor? Observe o ritmo de vida fluindo em você e à sua volta. Esteja no momento presente e encontre o lugar em seu coração e em sua alma onde você sabe que se sente bem. Concentre-se em sua respiração e conecte-se a Deus em seus pensamentos. Saiba que você está seguro, é amado e protegido e que tudo o que o Universo tem é seu.

Toda noite, antes de dormir, pense em três coisas que aconteceram naquele dia que o fazem sentir-se grato. Acredito que se você se comprometer a fazer isso por um mês, notará algumas coisas muito positivas.

- Você se sentirá mais feliz.
- As pessoas vão gostar de estar perto de você.
- Sua vida terá um novo sentido.
- Seu relacionamento com os outros melhorará.
- Você começará a ver possibilidades em vez de limitações.

- Informações intuitivas fluirão até você mais facilmente.
- Você será mais "sortudo". As pessoas e as circunstâncias começarão a conspirar a seu favor.
- Ideias e conceitos para produzir prosperidade vão aparecer em sua mente e você será capaz de agir de acordo com sua sabedoria.
- A vida em geral e sua vida em particular começarão a parecer mais ricas e cheias de possibilidades.
- O dinheiro começará a encontrar novas avenidas para fluir em sua vida.

Há um velho ditado: "Eu era infeliz porque não tinha sapatos, até que no meio da rua encontrei um homem sem pés". Quantas vezes você ignorou a abundância que está ao seu redor e não conseguiu apreciá-la? Quando começar a ter uma atitude de gratidão em relação ao que já tem, multiplicará a abundância em todas as áreas de sua vida.

15. A VIDA PARA A QUAL VOCÊ NASCEU

Cada alma vem à Terra com dons [e] entra em um acordo sagrado com o Universo para concretizar objetivos específicos... Qualquer que seja a tarefa com a qual sua alma tenha concordado, qualquer que seja seu contrato com o Universo, todas as experiências de sua vida servem para despertar dentro de você a memória desse contrato e para prepará-lo para realizá-lo.

GARY ZUKAV

QUANDO criança, eu era fascinada pelo mundo invisível. Passava horas com as crianças da vizinhança brincando de um jogo que eu tinha inventado, chamado Anjos e Mortais. Não tenho a mínima ideia de como cheguei a esse nome e lembro-me bem pouco das regras do jogo. Quando era adolescente, estudei religião, filosofia, psicologia e livros sobre percepção extrassensorial, e eu amava escrever. Acredito que havia algo lá dentro de mim, mesmo quando criança, que me direcionou ao trabalho que acabaria fazendo como adulta.

E você? Pelo que você era apaixonadamente interessado quando criança? Você adorava desenhar ou tirar fotos, ou tinha sonhos de se tornar um ator? Talvez fosse mais voltado para os estudos e gostasse de pesquisar seus tópicos favoritos ou estudar como as coisas funcionavam. O que quer que fosse, saiba que há uma pista lá na sua infância que aponta você na direção do verdadeiro trabalho de sua alma.

Se você começar a trabalhar aos vinte anos, trabalhar quarenta horas por semana e se aposentar aos sessenta e cinco, você terá trabalhado quase cem mil horas. Não seria maravilhoso passar essas horas fazendo algo pelo qual você é apaixonado e que lhe permita dar uma contribuição ao mundo com sua habilidade e interesse únicos? Se você não começar agora, quando começará? Não é algo que tenha que acontecer da noite para o dia. Tudo o que você precisa fazer agora é assumir um compromisso de iniciar o processo de descoberta de sua missão de vida. Você não tem que saber o que é nem mesmo como poderá viver disso agora. Dê um passo de cada vez. Este é um processo que se desdobrará em estágios.

Determine se é ou não hora de mudança. Como se sente quando acorda de manhã? Você teme o dia à sua frente? Você está cansado, entediado ou exausto? Essas são pistas de sua orientação interna avisando que é hora de mudar. Pode haver outras situações fora de seu emprego que o façam se sentir assim. No entanto, o trabalho é geralmente o culpado por causa do número de horas que passamos nos dedicando a ele. Aqui vão algumas questões nas quais devemos pensar:

1. Você quer fazer o mesmo trabalho no ano que vem?
2. Você gosta de sua carreira, mas sente que está no emprego errado?
3. Você fica esperando pelos fins de semana quando poderá trabalhar em seus *hobbies* ou outros interesses?
4. Há alguma outra opção de carreira que sempre o fascinou?
5. Você precisa encontrar algo que seja novo e criativo?
6. Seu emprego se tornou previsível e chato?
7. Apesar de a mudança parecer assustadora, você se pega pensando muito a respeito de uma mudança em sua carreira?

A chave para a felicidade se baseia em dois princípios: encontre algo que lhe interessa e que você possa fazer bem e, quando o encontrar, ponha toda sua alma nisso – cada centímetro de energia e ambição e habilidade natural que você tem.
JOHN D. ROCKEFELLER, III

8. Há algo pelo qual você seja apaixonado e que gostaria detentar fazer caso conseguisse

descobrir uma maneira de ganhar a vida com isso?
9. Você sente a necessidade de dar uma contribuição ao mundo e sente que não conseguirá fazê-lo através de seu emprego atual?
10. Sua vida parece estar desequilibrada? (Trabalho demais e falta de tempo para a família, vida social e coisas pessoais?)

Se você respondeu "sim" para a maioria das perguntas, é definitivamente a hora de uma mudança de carreira. Se você não tem muita certeza sobre os próximos passos, seu objetivo deve ser *tornar-se claro*. Marque uma hora com um consultor de carreiras; faça um curso sobre o tema 'mudança de carreiras'; e/ou comece a ler alguns livros sobre a ideia de 'seguir sua paixão'.

Tome uma decisão interna de que é hora de mudar. Faça à sua intuição perguntas francas, tais como: "Com o que eu gostaria de trabalhar?" "Quais próximos passos podem me levar à direção correta?" "A quem posso pedir ajuda?" "O que eu poderia fazer que ajudaria os outros e seria divertido para mim?" Ao longo do dia, preste atenção às pistas internas e impulsos de sua intuição que o apontam em uma nova direção.

Aqui vão mais algumas perguntas que você pode se fazer para descobrir seu propósito de vida. À medida que reflete sobre essa lista e sobre suas respostas, deixe a questão "Como posso viver disso?" de lado por um tempo.

Nós frequentemente colocamos a carroça na frente dos bois. Deepak Chopra percebeu isso, ao dizer: "Quando procuramos dinheiro, ou um bom relacionamento, ou um excelente emprego, o que realmente buscamos é a felicidade. O erro que cometemos é não buscar a felicidade logo de cara. Se fizéssemos isso, todas as outras coisas viriam em seguida". Quando você descobrir o que (você ama), o Universo o ajudará com o como (ganhar a vida fazendo isso). Talvez você queira pegar seu diário e escrever algumas respostas para as seguintes questões.

Quais são seus dons?

- Quais realizações de vida o fizeram sentir-se orgulhoso de si mesmo?
- Quais são as habilidades que você possui que as outras pessoas elogiam?
- Que tarefas ou habilidades são fáceis para você? Faça uma lista de coisas que sabe fazer bem.
- Em que você era bom quando criança?
- Se alguém fosse lhe fazer um elogio póstumo, que contribuições ele poderia dizer que você deixou ao mundo?

Que maravilhoso é o fato de ninguém precisar esperar um momento único para melhorar o mundo.
ANNE FRANK

Pelo que você é apaixonado?

- O que o faz perder a noção da hora?
- Se você tivesse dinheiro suficiente para tirar um ano de férias, o que faria com seu tempo livre?
- Há algo para o qual gostaria de dedicar sua vida?
- Como você pode ajudar os outros fazendo algo de que gosta?
- Se pudesse dar uma contribuição ao mundo antes de morrer, o que seria?
- O que você quer ensinar aos outros?
- O que o empolga ou o enraivece mais em nosso mundo?

Quais são seus valores?

- O que mais importa para você? Considere valores como: autonomia, humanidade, criatividade, gentileza, poder, riqueza, espiritualidade, conhecimento, liderança, comunidade, beleza e interesses intelectuais.
- Pense em alguém que admira. Qual é o aspecto

da vida dessa pessoa que você aprecia? Quais valores você acha que ela possui?

O que é divertido para você?

- Faça uma lista de vinte, cinquenta ou cem coisas que você ama fazer.
- Como você passaria um dia ideal?
- Você gosta de fazer coisas sozinho, com um parceiro ou com uma equipe?
- Em que tipo de ambiente você gosta de estar? Você é uma pessoa que gosta mais do ar livre ou que fica mais confortável atrás de uma escrivaninha? Considere seus arredores quando imaginar uma vida divertida e ideal.

À medida que vê suas respostas, existe algum tema que tenha se destacado? Houve algum momento 'a-ha!' que pegou você de surpresa? Uma vez que tenha sua lista de realizações, competências, valores e paixões, há alguns passos mais. A resposta à questão "Qual é meu propósito de vida e como posso viver disso?" pode não vir da noite para o dia. Uma das qualidades que acredito que devamos desenvolver no caminho espiritual é a paciência. Napoleon Hill, autor do clássico *Think and Grow Rich* (*Pense e Enriqueça*) sai em defesa deste mesmo atributo quando diz: "Paciência, persistência e transpiração constituem uma combinação inabalável rumo ao sucesso".

16. Traçando o caminho para a prosperidade

Viemos equipados com tudo de que precisamos para ter uma vida de alegria, incrível paixão e profunda paz. A parte difícil é nos dar permissão para vivê-la.
DEBORAH ROSADO SHAW

VOCÊ sabe que finalmente entendeu seu propósito de vida quando as luzes piscam, os sinos repicam e você passa por um grande momento 'a-ha!', certo? Mais ou menos. A verdade é geralmente bem menos espetacular. Sua sabedoria interior o guia através de sentimentos de calma alegria, um palpite de tentar uma nova direção, uma impressão fugaz ou simplesmente um desejo de mudança. Essas são as pistas que você tem que ouvir e às quais deve prestar atenção.

O que vem depois disso? Como você consegue passar para a ação baseado nos impulsos intuitivos que tem recebido? Você pode ser capaz de descobrir *o que* quer, mas *como* pode conseguir isso? Esta é a parte que pode deixá-lo ansioso, porque sua alma está pedindo que saia de sua zona de conforto, que tente algo novo. Você precisa agir. Susan Jeffers escreveu em seu maravilhoso livro *Feel the Fear and Do It Anyway* (*Tenha Medo... e Siga em Frente*): "Não podemos escapar do medo. Podemos apenas transformá-lo em um companheiro que nos acompanha em todas as nossas aventuras excitantes. Corra um risco por dia – uma pequena ou grande jogada que o fará se sentir ótimo após tê-la feito".

> *A fé é a crença no invisível, a convicção silenciosa de que, mesmo que você não possa imaginar como, em algum momento, em algum lugar, do modo correto, o que você deseja realmente acontecerá.*
> DAPHNE ROSE KINGMA

Quando você assume o compromisso de seguir sua intuição, será guiado passo a passo até uma vida abundante. O Universo é uma grande máquina dos sonhos. À medida que se permite ver com mais clareza que tipo de trabalho quer, como deseja usar suas habilidades para ser de utilidade ao mundo e quanta riqueza pode permitir em sua vida, o Universo responde. Ele colocará as pessoas, circunstâncias e ideias certas diante de você, e elas poderão ajudá-lo a ter sucesso com o que mais deseja. O Universo fala com você através da intuição. É seu parceiro de prosperidade e o ajudará a traçar um caminho para a realização do desejo de seu coração.

A seguir vão alguns passos para ajudá-lo a começar a trabalhar com a intuição para encontrar o caminho certo em direção a uma vida plena e abundante.

Peça por um sonho antes de ir dormir à noite. Escreva uma breve nota em seu diário a respeito dos pensamentos em relação ao seu trabalho e à sua carreira. Termine o recado com uma pergunta pedindo ao seu 'eu superior' um sonho cheio de *insight*. Alguns exemplos de perguntas que você pode fazer são: "Que tipo de trabalho me faria feliz?" "Quais são os próximos passos que devo dar em relação a meu trabalho?" "Gostaria de desenvolver uma carreira em ___. Esse é o caminho certo para mim?" Repita a pergunta para si mesmo à medida que for adormecendo. Na manhã seguinte, antes de despertar por completo, escreva quaisquer ideias, impressões ou fragmentos de sonhos em seu diário. Qual é a direção de carreira que seu sonho indica? Aja de acordo com qualquer *insight* que tiver.

Olhe a seção de 'Classificados de Empregos' do jornal. Isso não é tão óbvio quanto possa parecer logo de cara. Repare na descrição de emprego que saltar aos seus olhos. Não olhe necessariamente para os empregos que fariam sentido lógico ou para os anúncios para os quais você tem a experiência necessária. Use seu lado intuitivo e veja quais fazem você pensar: 'Que divertido!' Ou: 'Eu adoraria fazer isso!' Recorte-os ou circule-os e veja se pode encontrar um tema que coincida com esse apelo. Eles envolvem uma profissão específica? Talvez eles despertem o seu lado aventureiro. Ou, inversamente, você pode se sentir atraído por eles porque gosta da segurança que eles representam.

Fale com pessoas que fazem o tipo de trabalho que você identificou como interessante. Ligue para organizações profissionais e pergunte a seus amigos se eles conhecem alguém no campo que lhe interessa. Ligue para a associação de ex-alunos da sua faculdade para descobrir nomes de pessoas com as quais possa conversar. Pergunte a seu entrevistado em potencial se ele ou ela teria um tempo para conversar com você pelo telefone ou pessoalmente. Relacione as perguntas que fará a essa pessoa. Pergunte como é seu trabalho. Pergunte sobre o histórico e as experiências necessárias para esse trabalho. Como é um dia normal nesse emprego? O que ele ou ela ama e odeia nesse trabalho? Que conselho essa pessoa teria para alguém como você, que está interessado nesse tipo de trabalho? Finalmente, há alguém mais que ele ou ela recomendaria para conversar com você?

Sua tarefa neste momento é criar uma lista de opções. Olhe para cada trabalho que o intriga e não deixe sua mente lógica convencê-lo do contrário. Tudo aquilo para o qual você olha e que desperta entusiasmo traz uma pista sobre o trabalho que finalmente o fará feliz, o trabalho que é uma parte integral de seu propósito de vida. Você não precisa encontrar *a* carreira certa, nem necessariamente aquela que desempenhará para o resto da vida. Você vai descobrir que, à medida que for explorando essas áreas de interesse, portas vão se abrir e sincronicidades vão acontecer. Tudo isso é o Universo respondendo e dizendo *sim* ao seu plano de ação.

Conforme levanta as informações, seu foco naturalmente vai se estreitar. Se tivesse que criar uma frase sucinta sobre o que adoraria fazer, como você o descreveria?

Aqui vai como eu descreveria minha afirmação de propósito de vida:

- Ajudo as pessoas a confiar em sua sabedoria interior para que possam criar uma vida próspera, alegre e bem-sucedida. Adoro fazer isso por meio da escrita, treinamento, seminários e falando com a mídia.

Meu consultor financeiro define o seu deste modo:

- Trabalho com as pessoas que querem acumular riquezas ensinando-as sobre planejamento financeiro sólido. Faço isso através da minha paixão por estudar estratégias de investimento e escrevendo e falando sobre elas de maneira prática e fácil de entender.

Um amigo que é um recrutador para corporações diz:

- Trabalho com companhias em crescimento que precisam encontrar pessoas talentosas para que seu negócio cresça e se torne mais rentável e bem-sucedido.

Uma colega que é *personal stylist* define seu trabalho desta forma:

- Ajudo as mulheres a se vestir para o sucesso de modo que aparentem e se sintam lindíssimas.

À medida que você começa a entender melhor pelo que é apaixonado, tente fazer esse trabalho por pouco tempo ou com baixos riscos, se possível. Isso pode incluir assumir um trabalho voluntário, trabalhar em projetos como consultor ou aceitar um cargo temporário e de meio período para ver como sua possível nova carreira lhe parece.

Aprenda a entrar em contato com seu silêncio interior e saiba que tudo nesta vida tem um propósito. Não há erros. Não há coincidências. Todos os eventos são bênçãos que nos foram dadas para que possamos aprender com elas.
ELISABETH KÜBLER-ROSS

Pesquisas indicam que pelo menos 10% da população tem uma forte aptidão em mais de uma área. Se você se encaixa nesse grupo, logo ficará entediado ao fazer uma única coisa por muito tempo.

Considere a possibilidade de que ter vários empregos de meio período ou temporários pode ser perfeito para você.

Aprenda algumas habilidades novas. Isso não quer necessariamente dizer que você tem que voltar à faculdade para fazer um curso de graduação ou pós-graduação. Muitas faculdades locais têm programas de aprendizado para adultos e oferecem inclusive certificados. Pesquise sobre estágios. Meus clientes frequentemente me dizem que esses cargos temporários permitiram a eles fazerem os contatos certos para o trabalho permanente que estavam buscando.

Conforme você repassa sua lista de ideias, lembre-se de que sua decisão pode requerer um pequeno passo, não um salto enorme. Quando você dá um passo à frente, muitas vezes um maior número de informações se torna acessível. Muitas pessoas dizem que, à medida que fazem uma escolha intuitiva em direção ao que acaba sendo uma decisão certa, os eventos começam a fluir mais facilmente e sem esforço. As portas da oportunidade se abrem e sincronicidades e coincidências começam a ocorrer.

Pense nos passos de ação que listei neste capítulo assim como em outros que possam ter lhe ocorrido para sua situação específica. Qual lhe atrai? Há algum deles que chama sua atenção e prende seu interesse? Você pode experimentar uma convicção inexplicável sobre ir atrás deste plano de ação. Lembre-se de que uma sensação cinestésica ou física é uma das maneiras pelas quais a intuição se comunica.

Você se sente empolgado ou apaixonado por um plano em especial mais do que por outros? Essa é uma das formas que a intuição tem de apontar para a direção que você deveria seguir. Inversamente, se uma escolha faz você se sentir deprimido ou desencorajado, ou se sente uma grande resistência, você estará ignorando uma forte mensagem intuitiva se continuar agindo deste modo.

Além disso, lembre-se de que você tem de se divertir com tudo isso. Pode parecer assustador se você está desempregado ou mal se virando financeiramente. Mas sua atitude aventureira, curiosidade e criatividade podem fazer toda a diferença. O autor e palestrante Robert Allen diz: "Persistência, desejo e confiança são suas riquezas".

Você provavelmente já ouviu a frase: "Se você não sabe para onde está indo, provavelmente chegará lá". Com sua intuição como guia, você está começando a traçar um caminho em direção à vida para a qual nasceu.

17. Prosperando por meio das transições da vida

Primeiro há um final, e então um começo, com um importante tempo de repouso entre eles. Essa é a ordem das coisas na natureza. A queda das folhas, o inverno, e então o verde emerge novamente do bosque seco e marrom. Os assuntos humanos fluiriam em canais semelhantes se fôssemos mais capazes de nos manter na corrente.
WILLIAM BRIDGES

MUITOS artigos de autoajuda fazem o processo de mudança de vida e transição parecer fácil.

Perdeu o emprego? Quatro maneiras de conseguir um emprego que pague muito na próxima semana.

Está se divorciando? Oito dicas de paquera para encontrar o Príncipe Encantado.

Sem dinheiro? Visualize o caminho em direção aos milhões!

Normalmente, as pessoas temem que haja algo de errado com elas quando não conseguem se reerguer após um contratempo. Parece fácil para todo o mundo! Loretta LaRoche coloca isso de uma maneira muito divertida quando diz: "Sempre estou lembrando às pessoas de que a única certeza com a qual podem contar é que as coisas acontecem – e geralmente quando você não está a fim de que elas aconteçam".

Os especialistas em mudança e transição têm vários nomes para os estágios de mudança pelos quais passamos. Você tem apenas que olhar para a natureza para ver que toda vida tem altos e baixos. Há estações quando as plantas e as árvores estão florescendo, desabrochando e crescendo, seguidas por um período quando se regeneram, ficando adormecidas por um tempo. Nós humanos não somos nenhuma exceção a esse ciclo da natureza. Temos períodos em que estamos transbordando de entusiasmo e crescimento; estamos alcançando nossos objetivos, encontrando o sucesso a cada esquina. A vida é divertida, cheia de alegria e maravilhosa!

Essa fase é geralmente seguida por uma na qual as coisas vão bem. O emprego está indo bem, o casamento está feliz, a vida é boa. Pode haver alguns contratempos no caminho às vezes, mas na maior parte dos dias sentimos que finalmente descobrimos o segredo da vida. Que bênção! Estamos entre os sortudos.

É tentador pensar que, se fizermos tudo certo nas duas primeiras fases, tudo continuará a ser alegria. No entanto, este geralmente não é o caso. A próxima fase é a que muito poucos parecem gostar. *Começamos a nos sentir insatisfeitos com o que criamos.*

As mudanças mais desconcertantes são as que aparecem do nada. Durante um período de várias semanas ou meses nos sentimos no meio da infelicidade em relação à nossa vida atual. O que antes nos dava prazer agora parece chato. Nada parece estar bem. O que antes nos dava satisfação no trabalho parece nos deixar vazios e perde o sentido. Antes, pulávamos da cama para começar o dia, as agora queremos virar para o outro lado e voltar a dormir. Qual é o sentido de tudo isso?

Eu estava almoçando com um colega algumas semanas atrás e ele me contou como tinha alcançado vários de seus objetivos e aspirações em relação ao sucesso de sua companhia. Ele estava, com razão, orgulhoso de suas realizações, mas mesmo assim disse: "Por que me sinto tão triste? Eu deveria estar desfrutando com alegria de tudo o que criei".

Todos nós já passamos por essa terceira fase de transições na vida. Elas geralmente se caracterizam por sentimentos de tédio, irritabilidade e ansiedade. Vejo esses sentimentos como um chamado de seu sábio ser interior indicando que uma mudança faz-se necessária. É como se o Universo tivesse conspirado para dizer a você que olhasse para dentro, que hibernasse, ficasse quieto por um tempo e recobrasse suas forças para a próxima estação de crescimento. O escritor Charles C. West pareceu concordar com isso quando escreveu: "Nós nos voltamos para Deus quando nossas fundações estão abaladas, apenas para descobrir que é Deus quem as está abalando".

Você nunca chegará ao topo da montanha, se não tiver passado pelo vale.

RICK BENETEAU

Se você é como a maioria das pessoas, sua reação é a de desejar que os sentimentos desconfortáveis simplesmente desapareçam. Qual é a mudança necessária? Você pode se sentir como se estivesse no meio do caos e não conseguisse achar o caminho para fora disso tudo. Uma cliente caracterizou esse período de transição como "um pesadelo no qual ela podia ver as portas que poderiam conduzir à saída, mas qual porta é a *correta*?" Tomar uma decisão ruim poderia deixá-la pior do que antes!

Infelizmente, a luz sobre a solução geralmente não vem ao mesmo tempo que o problema. Isso o deixa com mais medo ainda. Como você vai se sustentar se tiver que alterar sua vida de um modo ainda desconhecido? "Querido Deus, por que me sinto tão confuso e qual é o significado de tudo isto? Por que não posso voltar ao jeito que as coisas eram antes?" é a reclamação que ouço frequentemente.

Mas nem tudo está perdido! Alguém disse uma vez: "A confusão é aquele estado maravilhoso que precede a claridade". Aqui vão algumas ideias a serem consideradas para que você possa se mover sabiamente através desse período de transição:

As dificuldades são oportunidades de coisas melhores; elas são pedras no rio em direção a uma experiência maior.

BRIAN ADAMS

Entenda que você não está louco. Você apenas se sente assim. Como foi dito anteriormente, esse tipo de transição na vida provavelmente vai provocar alguns sentimentos fortes, desde a ansiedade até a paz, e vice-versa. Normalmente, seus colegas, amigos e familiares tentarão fazer você se sentir melhor oferecendo soluções, saídas simples e conselhos sobre o que acham que você deveria fazer. Perdoe-os. É difícil ver alguém sofrendo (neste caso, você), e seus amigos sempre vão querer ajudá-lo.

Seja paciente. Sue Monk Kidd escreveu em seu maravilhoso livro *When the Heart Waits* (*Quando o Coração Amanhece*): "Quando está esperando, você não está deixando de fazer algo. Está dando espaço para sua alma crescer. Se você não conseguir ficar parado e esperar, não pode se tornar o que Deus o criou para ser". Este período de transição tem, quase certamente, um limite de tempo. Pratique dizendo o mantra: "Isto também vai passar".

Consiga ajuda para suas finanças. É inútil colocar a cabeça debaixo das cobertas. Fale com um amigo de confiança ou preferivelmente com um consultor financeiro. Seja claro sobre quanto dinheiro você tem (ou não tem) para poder passar por essa transição de maneira sã. Não espere até entrar em uma crise financeira para lidar comisso. Isso só faz o estresse piorar. Há algum emprego de meio período que você pode conseguir, ou algum bem que possa vender? Este será provavelmente um período para apertar o cinto. Faça uma lista de serviços e coisas que você regularmente compra. Quais deles você pode cortar para aliviar a crise por alguns meses ou um ano?

Honre seu sofrimento. Dói deixar o passado para trás. Você pode ter perdido um amigo, um emprego ou estar simplesmente perdido, mas vai passar por estágios de sofrimento. Os mais mencionados são negação, negociação, raiva, depressão e aceitação. Você não vai passar por eles por ordem de intensidade; algumas dessas emoções serão mais fortes e durarão mais que outras. A melhor aneira de lidar com elas é senti-las e passar por elas. Elas são parte do processo de cura, apesar de não parecer assim no momento.

Entre em um grupo de apoio. Pode ser um círculo de orações,um encontro de pessoas desempregadas ou um grupo de amigos com algum problema semelhante ao seu. Vá com calma aqui. Você tem que sair desses encontros se sentindo melhor, não pior. Em algumas dessas sessões, haverá uma tendência a reclamações, autopiedade e lamúrias. Encontre um grupo animado e que o faça se sentir esperançoso e ligado a uma comunidade de apoio. Amigos são importantes durante essa fase de mudança. Você é sortudo de verdade se tem amigos de longa data que se preocupam com você. Se não for o caso, é uma boa hora para sair da toca e fazer novos amigos.

Controle seus sentimentos. Há muitas transições pelas quais você passa em alguns meses. Você sai do outro lado sentindo que a vida é fresca e nova e que o tumulto da mudança pela qual você passou já parece quase esquecido. Porém, há mudanças que deixam uma marca permanente na alma. Perder alguém – um filho, um amigo, o pai ou a mãe – não há nada que você possa fazer para trazê-los de volta.

Você também pode perder algo intangível – um sentimento de segurança, esperança, bem-estar financeiro ou uma crença em sua imortalidade física. Qualquer que seja sua perda, há uma parte disso sobre a qual você não tem controle. A parte que você *controla* é sua atitude em relação a ela. Pergunte à sua sabedoria interior: "Como posso encontrar paz nesta situação?" Ouça a resposta. Ela virá, assim como sua serenidade.

Fale com Deus. Você pode ralhar, gritar, berrar e chorar. Deus sabe como lidar com isso. Fale com Deus como se estivesse falando com um bom amigo. Diga a Ele que está com medo e que não sabe o que fazer. Peça uma luz. Peça paz e esteja aberto a ambos quando eles vierem. A resposta pode vir através de meios internos, como a sua intuição. Ela também pode vir de uma maneira externa. Você pode inesperadamente encontrar um velho amigo que tem exatamente a coisa certa a dizer, ou pode encontrar um trecho em um livro que salta aos seus olhos como a resposta que você tem buscado.

Lembre-se disso, você é amado. Alguém cuida de você e o rodeia com uma presença afetuosa o tempo todo. Você não está sozinho.

Doe seu tempo. Você pode não ter um monte de dinheiro para doar neste momento, mas provavelmente tem tempo. Ser voluntário auxilia quem ajuda (você) tanto quanto quem é ajudado. Oferecer seus serviços de graça pode ajudá-lo a criar a estrutura necessária em sua vida em um momento em que você mais precisa dela. Também pode ajudar a descobrir uma nova paixão que abrirá as portas para uma nova carreira. Siga seu coração. O que você ama fazer? Encontre um grupo ou indivíduo que precisa do que você pode oferecer.

Transformar cada "O que vou fazer?" em "O que posso fazer?" aumenta sua criatividade para as finanças, restaurando um sentimento de paz à medida que você busca a prosperidade.
SARAH BAN BREATHNACH

Acredite em um propósito maior. "Por que estou passando por isso?", você se pergunta. Deus sabe! E não estou brincando. Fazer essa pergunta quando você está no meio de qualquer situação difícil geralmente não provoca uma resposta satisfatória. O Universo tem um plano para sua vida. Tenha fé de que o poder que faz o Sol nascer e se pôr, as árvores florescerem e os bebês crescerem também sabe como fazer crescer sua alma e ofertar uma vida próspera. Há um plano maior. A chave para acessar esse plano está em sua habilidade de manter seu coração aberto e ouvir a voz de Deus dentro de si. Nada mais importa e tudo está se desdobrando perfeitamente. Acredite no processo.

18. Achei que já estaria rico a esta altura

Se você se aposentasse hoje, acredito que poderia viver confortavelmente até mais ou menos duas horas da tarde de amanhã.

DE UM CONSULTOR FINANCEIRO PARA SEU CLIENTE

AH... APOSENTADORIA. A maioria de nós trabalha bastante e adia gratificações durante a vida inteira para poder chegar à idade de se aposentar. Que palavra mágica! Dependendo de sua personalidade, ela pode criar imagens como: dormir até tarde, ter tempo para seus *hobbies*, fazer pequenas reformas na casa e colocar em dia a leitura de todos aqueles livros que queria. Pessoas mais aventureiras podem imaginar viagens para lugares exóticos, trabalho comunitário, uma casa para passar as férias, um novo barco e/ou o suficiente em dinheiro e tempo para entreter os amigos.

Se já está pensando na aposentadoria, você não está sozinho: aproximadamente setenta e seis milhões de pessoas se juntarão a você. A maior parte das pessoas presume que terá dinheiro mais do que suficiente para se aposentar e não para um pouco para analisar os números mais de perto. Por exemplo, se um americano quisesse se aposentar aos sessenta anos com um valor modesto de cinquenta mil dólares por ano e esperasse viver por mais vinte anos, precisaria de algo como um milhão de dólares de dinheiro economizado para sua aposentadoria.

Uma pesquisa recente feita nos Estados Unidos perguntou aos consultores financeiros sobre o montante de dinheiro necessário para uma boa aposentadoria. Os dados frios e duros foram que esses profissionais acreditam que apenas 6% dos americanos tinham economizado o suficiente para sua aposentadoria. O Departamento de Saúde e Serviços Humanos dos Estados Unidos relata que 96% de todos os americanos se aposentarão e serão financeiramente dependentes do governo, da família ou da caridade.

Isso soa extremamente desanimador, não acha?

A vida seria infinitamente mais feliz se pudéssemos nascer aos oitenta anos e gradualmente chegarmos aos dezoito.
MARK TWAIN

E onde você se encaixa nisso? Se você está entre os 96% que não têm o suficiente para se aposentar confortavelmente, terá que continuar trabalhando. Posso imaginar muitas queixas e resmungos conforme você lê esta informação. Isso significa que você terá que trabalhar em um emprego que detesta pelo resto de sua vida para poder economizar o suficiente para sua aposentadoria?

Sou uma otimista incurável (uma amiga uma vez me chamou de 'patologicamente positiva!'), então pode confiar em mim para dar uma cara mais encorajadora a essas notícias deprimentes. É possível se aposentar bem e viver uma vida que você ama sem ter um milhão de dólares ou mais? Eu respondo com um sonoro 'sim!'

Dois pensamentos me vêm à mente imediatamente.

1. Você pode começar a fazer o que ama agora e encontrar um modo de ganhar a vida dessa forma. Neste cenário, sua vida, trabalho, aposentadoria e diversão podem ser todos uma só coisa. Que ideia nova!
2. Além disso, pode determinar o que é importante para você à medida que envelhece e encontrar uma maneira criativa para custear aquele *hobby*, estilo de vida ou interesse.

Não seria maravilhoso começar a viver sua vida agora como se já estivesse aposentado? Como isso tudo seria e faria você se sentir? Jerry Gillies, que escreveu o livro *Money Love* (*Amor pelo Dinheiro*), definiu a prosperidade como: "Viver fácil e alegremente no mundo real, não importando se você tem dinheiro ou não".

Vamos ver mais algumas opções:

Trabalhe meio período ou abra seu próprio negócio. Há uma quantidade incrível de pesquisas feitas que mostram que as pessoas que têm um interesse ativo na vida e um sistema de apoio de amigos vivem mais e com mais saúde. A realidade é que, enquanto algumas pessoas podem ter a fantasia de que depois de se aposentarem vão ficar sentadinhas na cadeira de balanço, esse estilo de vida fica chato muito rapidamente! Agora é a hora de tomar a decisão sobre o que você sempre quis fazer quando crescesse e começar a dar pequenos passos em direção à realização desse propósito. Minha amiga Marina sempre sonhou em ser uma artista. Ela está custeando parcialmente sua aposentadoria vendendo suas pinturas a óleo em um grande número de galerias.

Talvez você sempre tenha tido vontade de escrever um livro, ser um decorador de ambientes, ter uma floricultura, trabalhar com crianças menos favorecidas ou ser voluntário de alguma organização de ajuda humanitária, como a Cruz Vermelha. Qualquer que seja seu sonho, você provavelmente o manteve no fundo de sua mente por vários anos. Comece a ver seus anos de aposentadoria como uma permissão para fazer o que ama. Se não for agora, quando será?

Viva bem com menos. Financiamentos, automóveis, comida e roupa são os itens nos quais gastamos grande parte de nosso dinheiro. Como você poderia diminuir os gastos e ainda assim desfrutar de uma aposentadoria cheia de lazer? Talvez uma mudança de uma casa para um apartamento poderia estar em seu futuro? Convidar seus amigos para compartilhar uma comidinha feita em casa em vez de ir a um restaurante caro poderia ser uma ótima maneira de mostrar sua paixão pela culinária e ainda economizar um dinheirinho. Decida quais são suas prioridades. Se viajar pelo mundo é uma necessidade absoluta para que você curta sua aposentadoria, o que poderia cortar para poder viajar com estilo? Quando você conseguir identificar o que quer da vida, comece a se perguntar: "Como vou conseguir?" em vez de "Por que não consigo?". Sua intuição vai começar a lhe dar as respostas.

Já tive muitos clientes e amigos que viam seus anos de aposentadoria como a hora de se fazer algo extraordinário. Talvez cortar gastos realmente não seja sua praia; quais são algumas maneiras para poder manter seu estilo de vida atual e não ficar sem dinheiro? Esteja disposto a ser criativo! Minha cliente Mary Ellen estava irredutível em relação a manter tanto sua casa dos sonhos quanto as viagens com estilo. Acabou conseguindo manter ambos pedindo à sua melhor amiga para ser sua companheira de casa e de viagens. Elas dividiram o financiamento e as despesas de viagem e se divertiram muito!

Assuma alguns riscos e esteja disposto a se divertir. A aposentadoria pode ser um poço de ansiedade se você assim o permitir. Pode parecer o cúmulo do absurdo se perguntar aos cinquenta anos ou mais: "O que quero fazer quando crescer?" No entanto, você nunca está velho demais para mudar e crescer!

Conforme você se aproxima da aposentadoria, seu futuro parece mais incerto. Você não tem um emprego para onde ir, crianças para cuidar ou um chefe ao qual se submeter. Você estará saudável? Terá amigos e família por perto ou ficará sozinho? Ninguém pode responder essas questões para você. Mas como você viveria se soubesse que morreria em um ano, cinco anos ou mais? Há alguma coisa que você deixou de fazer lá atrás? Como você gostaria que seu obituário fosse? Gostaria que o meu fosse, em parte: "Viveu sua vida apaixonada e entusiasticamente, encorajando os outros a fazerem o mesmo".

Ninguém fica velho por viver um certo número de anos. Ficamos velhos quando desistimos de nossos ideais. Os anos podem enrugar a pele, mas desistir do entusiasmo enruga a alma.
SAMUEL ULLMAN

Talvez esta seja a primeira vez que não tem um objetivo e você se sinta estagnado e preso ao cotidiano. Sua intuição sempre lhe está dando pistas sobre o que fazer em seguida. Comece hoje ao se perguntar: "O que seria divertido?" Ou: "Se eu tivesse uma vida ideal, eu iria..." O que lhe vem à cabeça quando você se faz essas perguntas? Comece devagar e continue dando os passos que sua orientação interior indicar. O autor e mitólogo Joseph Campbell escreveu: "Siga sua alegria e as portas se abrirão onde não havia portas antes". Julia Cameron, autora de *The Artist's Way* (*O Caminho do Artista*), colocou a questão da seguinte maneira: "Pule e a rede de segurança vai aparecer!". Mas em um certo ponto misterioso você não tem escolha a não ser ir para a frente. Há uma ironia em se seguir a alegria de uma pessoa conforme ela envelhece. Nunca há uma época perfeita e nunca haverá uma época mais perfeita. Esteja disposto a assumir riscos e atire-se com vontade.

Veja o copo meio cheio. Quais são as coisas importantes em sua vida? Ouvi uma garotinha ser entrevistada na televisão após ter acontecido uma catástrofe com sua família. Ela disse: "Podemos não ser ricos em dinheiro no momento, mas somos ricos em amigos e amor". Sinta a bênção de tudo o que você *tem* hoje.

A abundância vem de tantas maneiras, não apenas como dinheiro frio e duro. Minha sogra se considera muito próspera apesar de ter o que muitos considerariam pouco dinheiro. Ela vive rodeada de seus filhos, netos e bisnetos. Ela também é amada por muitos membros da pequena comunidade de aposentados na qual vive. As pessoas a convidam para comer fora, para viajar e para sair para passear com a família. Ela é abençoada pelo amor que compartilha e ele é retribuído da mesma forma.

A gratidão convida a abundância. Talvez você tenha uma família muito unida, boa saúde ou uma habilidade rentável. Sempre há muitas coisas pelas quais devemos ser gratos se apenas pararmos para ver. Se você realmente está tendo problemas para pensar em alguma coisa pela qual se sente grato, sinta-se reconfortado pelas palavras de uma mulher: "Estou sentada aqui, pensando no quanto é bom o fato de as rugas não doerem".

O planejamento da aposentadoria é algo que devemos pensar em qualquer idade. Conforme você visualiza seus anos mais à frente, estabeleça a importância do seguinte:

- Ter os amigos e a família por perto;
- Manter-se fisicamente ativo;
- Fazer uma contribuição à sociedade;
- Ter tempo de sobra para si mesmo;
- Viajar sozinho ou com amigos;
- Continuar a trabalhar em sua carreira atual;
- Achar um novo meio para ganhar a vida;
- Dedicar tempo e energia a seu *hobby;*
- Outro (descreva).

Reveja a lista e passe algum tempo avaliando suas prioridades. Quais são os modos para poder começar a planejar agora sua aposentadoria feliz e realizada? A mudança para uma vida de aposentado não precisa acontecer de modo abrupto em uma idade específica. As pessoas mais felizes são as que desfrutaram o *planejamento* de seus anos de aposentadoria tanto quanto a realização deles.

19. CRIANDO UM PLANO DE INVESTIMENTO DIVINO

Muitas pessoas também vão sugerir que você coloque algum dinheiro no banco, e de fato – dentro de limites razoáveis – esse é um conselho muito bom. Mas não exagere. Lembre-se: o que você está fazendo é dar o seu dinheiro para alguém mais segurar, e acho que vale a pena ter em mente que os banqueiros estão tão preocupados em segurar as coisas que colocam correntinhas em todas as suas canetas.
SENHORITA PIGGY

JOHN ganha 325 mil dólares por ano como gerente geral em uma empresa de alta tecnologia e vive pendurado em seus cartões de crédito. Janice ganha 28 mil dólares como assistente administrativa em uma companhia de convênio médico e consegue economizar 3 mil dólares por ano para a aposentadoria. Aqui vai um grande segredo: não se trata de quanto você ganha, mas de quanto você consegue economizar. Quando há uma reserva de dinheiro, você dorme mais tranquilo, sua autoestima melhora e seu cofrinho possibilita que faça escolhas saudáveis de vida. É quase impossível viver uma vida satisfatória quando você se depara com uma dívida imensa no cartão de crédito e um financiamento gigantesco. A dívida o priva de poder e diminui sua habilidade de tomar boas decisões. Um planejamento financeiro concreto não apenas o leva à paz de espírito. Ele também leva à segurança financeira.

Muitos de meus clientes citam a 'falta de dinheiro' como o maior de todos os problemas quando contemplam uma mudança de carreira para fazer um trabalho que amam. Isso acaba virando um círculo vicioso. Eles odeiam o trabalho que fazem e por isso gastam mais dinheiro comprando coisas que pensam que vão deixá-los mais felizes. Assim, eles não conseguem economizar nenhum dinheiro para poder construir o pé-de-meia que poderia ajudá-los na transição entre um emprego odiado e um que eles amam fazer. Isso soa familiar?

> *As pessoas dizem que você deve deixar seu dinheiro trabalhar por você. Eu vou trabalhar e deixar meu dinheiro descansar.*
> JERRY SEINFELD

Ninguém nasceu sabendo como criar um orçamento familiar, cuidar das finanças ou bolar estratégias de investimento. Com sorte, você aprendeu um pouco disso na escola assim como com a família. No entanto, se você é como a maioria das pessoas, sua estratégia de controle de dinheiro é esperar o dia em que vai ganhar na loteria ou rezar por algum outro milagre financeiro que fará suas dívidas desaparecerem e restaurará sua saúde financeira. Por outro lado, evidências históricas sugerem que, se não tiver uma poupança, você vai acabar desperdiçando qualquer milagre que poderia acontecer, e voltará à estaca zero – ou ficará pior ainda. Pense em suas próprias experiências de vida. Você já recebeu um aumento ou um bônus e imediatamente aumentou seus gastos para incluir esse aumento em vez de colocar tudo em uma conta de investimento?

Imagine como seria ter amplas reservas para fazer o que você adora. Somos todos capazes de beber do fluxo universal de abundância, mas, quando o fazemos, precisamos de um veículo para dentro do qual ele possa fluir. Para muitos, ele flui para dentro e para *fora* de suas carteiras! Caso você estivesse se perguntando, Deus não teve a intenção de que aquela nova oferta de cartão de crédito que você recebeu pelo correio fosse uma resposta às suas orações. O gerenciamento financeiro não tem de ser algo enfadonho de se entender e conseguir. Abra sua mente para descobrir maneiras divertidas e enriquecedoras de aprender a respeito.

Qual é seu estilo de aprendizado? Há três maneiras básicas pelas quais aprendemos as coisas – lendo, escutando ou fazendo. Quando pensa na maneira como gosta de aprender, qual é seu modo predominante? Seu objetivo é criar um sistema de gerenciamento financeiro que funcione para você. Use sua intuição. O que parece mais interessante? Você leria um livro sobre finanças pessoais? Ouviria uma fita? Iria a um curso para aprender o básico? Ou simplesmente mergulharia de cabeça e inventaria sua própria versão de 'faça-você-mesmo'? Este último pode incluir aprender por meio de um programa de software financeiro ou falar com um amigo que é habilidoso com dinheiro e gerenciamento financeiro.

Defina o problema. Sei que a maioria de vocês está dizendo: "O problema é que eu preciso de mais dinheiro!" É fácil enterrar sua cabeça na areia e continuar a ter esperança de que um anjo da prosperidade vai visitá-lo enquanto dorme, usar sua varinha mágica e 'puf!', todos os seus problemas financeiros estarão resolvidos para sempre. Isso provavelmente nunca vai acontecer.

Você vai ter que fazer como qualquer pessoa financeiramente estável faz para conseguir clareza sobre sua situação geral. Não vou enganar você e dizer que esta é a parte divertida. Geralmente não é, mas é um passo crucial para sua independência financeira. Antes de decidir pular esta seção porque está se sentindo desanimado, faça-se uma pergunta: "Você preferiria que seu dinheiro o controlasse ou que você controlasse seu dinheiro?" Se você escolheu a segunda opção, então comece a trabalhar e reúna todos os papéis e números de que precisa para responder às seguintes perguntas básicas.

- Qual é sua renda líquida?
- Se você tem dívidas, qual é o valor delas?
- Quais são suas despesas fixas?
- Além das despesas fixas, para onde está indo seu dinheiro?
- Quais taxas de juros você está pagando com financiamento da casa, cartões de crédito e empréstimos?
- Caso eles sejam altos, o que você pode fazer para diminuí-los?
- Você tem uma estratégia financeira para sair da dívida e/ou economizar dinheiro?
- Em caso negativo, quais são duas coisas que você pode fazer esta semana para iniciar esse processo?

Responder essas perguntas pode ser a última coisa que você esteja a fim de fazer. No entanto, a maioria das pessoas se sente aliviada ao ter os papéis e números diante de si. O conhecimento que você adquire o fará se sentir capaz e o ajudará a entender o que é necessário fazer para ter o controle da situação. Você pode até mesmo descobrir que as coisas não estão tão pretas quanto tinha imaginado! Se você não estava planejando gerenciar o dinheiro, então não estava planejando ser rico.

Faça um brainstorming *sobre soluções financeiras.* O exercício acima pode ter proporcionado um conhecimento preocupante de que uma mudança se faz necessária. Não se desespere! Use sua intuição para inventar algumas soluções. Proponha um desafio à sua orientação interna e pergunte-se: "O que posso fazer para criar abundância financeira neste momento?" Uma grande folha de papel e algumas canetas coloridas podem lhe dar um toque criativo. Agora escreva toda e qualquer coisa que lhe vier à cabeça. Algumas das coisas podem ser ideias para se *ganhar dinheiro* e outras podem ser ideias para se *gerenciar dinheiro*. Não julgue, nem critique suas ideias nesse estágio. Isso apenas interrompe o fluxo das possibilidades que estão aflorando em sua mente.

Aqui vão alguns resultados de uma sessão de *brainstorming* que Rick e Carrie fizeram em uma de minhas aulas:

- Conseguir um trabalho de meio período nas férias e nos feriados.
- Fazer um bazar da pechincha em casa.
- Oferecer-se para fazer hora extra.
- Refinanciar a casa.
- Ligar para a empresa de cartões de crédito para solicitar taxas menores.
- Levar marmita e comer fora com menos frequência.
- Vender alguns itens no Mercado Livre.
- Em vez de pagar por uma babá, combinar com outros pais para que cada um cuide dos filhos do outro de vez em quando.

- Tirar férias próximas de casa este ano.
- Arrumar o carro em vez de comprar um novo.
- Ficar alerta aos itens 'pequenos' que compramos. Reconhecer que os custos se acumulam.
- Marcar uma hora com um consultor financeiro.

Talvez você pudesse fazer este exercício toda semana durante várias semanas e ver que novas ideias sua mente intuitiva lhe dá. Ou simplesmente mantenha esta lista colada em uma parede e escreva novos itens sempre que tiver novas ideias.

Tenho dinheiro suficiente até o fim da vida, a não ser que eu compre alguma coisa.
HANNA HOLBORN GRAY

Agora, escolha as soluções que você está disposto a encarar. Risque da lista coisas que são impraticáveis ou que você sabe que não vai fazer. É fácil ficar perdido. Então, o próximo passo é priorizar os resultados que você criou. Se estiver fazendo isto com um parceiro, divida as tarefas e combinem de falar sobre os resultados. Se estiver fazendo sozinho, você poderia falar com um amigo e pedir a ele que o ajude com o *brainstorming* e que dê apoio emocional enquanto você está passando por esse processo.

Guarde o troco! Aqui vai uma estratégia financeira que vai ajudá-lo a obter alguns resultados imediatos. Guarde o troco diário que recebe e coloque-o em um vidro ou outro lugar. Ao fim de três meses ou algum outro tempo qualquer, conte tudo. Você ficará surpreso ao ver quanto conseguiu juntar nesse período de alguns meses. Aqui vai a dica – não gaste em uma nova extravagância! Use o dinheiro para diminuir sua dívida ou coloque-o em sua conta de investimento.

Invista seu dinheiro extra. Muitos anos atrás eu tive um aumento nos rendimentos. Como já estava conseguindo viver com o que ganhava antes, decidi programar um depósito automático em minha conta todo mês. Havia muitas coisas que eu *queria* comprar com aquele dinheiro, mas mesmo assim a ideia de que ele estava sendo guardado aumentava minha confiança, algo que nenhuma roupa nova conseguiria me fazer sentir. Se você receber um aumento ou um dinheiro extra, invista-o. Você provavelmente nem vai sentir falta dele já que ele não fazia parte de sua renda regular. Pense nele como sua conta de independência financeira!

Pense como se fosse rico – não gaste como se fosse rico! O dinheiro costumava coçar em meu bolso. Se tivesse cinquenta dólares, poderia gastá-los em algumas horas indo à manicure, comprando um livro e saindo para comer fora. Não há nada errado em se presentear de vez em quando. Sou totalmente a favor disso! Entretanto, para se ter dinheiro temos que saber como economizar. O dinheiro vai e fica com as pessoas que o amam e tomam conta dele. Eu precisava fazer isso de uma maneira que não me sentisse privada nem saísse o tempo todo por aí dizendo "Não tenho dinheiro para isso".

Eis o jogo que aprendi: Este jogo vai com certeza ajudá-lo a controlar seu impulso de gastar, aumentar sua autoconfiança e construir sua autodisciplina. Vá até seu banco e retire a maior nota única que se sentir confortável para carregar consigo. Pode ser uma nota de vinte, cinquenta ou até de cem, ou até mesmo mais. Dobre-a, coloque-a em sua carteira ou bolso, e *não gaste*. As duas últimas palavras são a parte importante.

Durante o dia, à medida que vê coisas que gostaria de comprar, diga para si mesmo: "Eu poderia comprar isso, mas prefiro guardar meu dinheiro". Não soa infinitamente melhor do que: "Não tenho dinheiro para isso!"? (Lembre-se, as crenças se tornam realidade!) Percebi quantas vezes eu comprava coisas que realmente não precisava por impulso. Estava usando o dinheiro como um pequeno 'tapinha nas costas' e isso estava arruinando minhas estratégias para economizar.

Não deixe a vergonha, o medo ou a simples falta de conhecimento deterem você. Gastar mais do que se ganha é a receita para o desastre financeiro certo. O gerenciamento financeiro pessoal pode parecer bastante complicado no início. Mas cada passo que você der para aprender mais sobre o assunto e para agir dentro de sua própria situação será um passo a mais em direção à independência financeira e, no final de tudo, à vida próspera que você almeja.

20. Tenha coragem à medida que prospera

O verdadeiro sentido de estar vivo é evoluir e ser a pessoa completa que nascemos para ser. Creio que você somente consiga fazer isso quando para o tempo suficiente para ouvir o sussurro que tem ignorado, aquela voz pequenina que o incita a ir em direção ao trabalho que você está disposto a fazer mesmo que não fosse pago por ele. E o que você faz ao abaixar o som da sua vida e ouvir aquele chamado? Você se depara com o maior de todos os desafios: ter a coragem de ir atrás de seu grande sonho, independentemente do que qualquer pessoa diga ou pense. Você é a única pessoa viva que pode ver sua vida como um todo – e nem mesmo você consegue ver tudo.

OPRAH WINFREY

JENNIFER estava muito abatida quando entrou em meu escritório. "Odeio meu emprego. Tenho trabalhado como guarda-livros para a mesma companhia há oito anos e estou tão entediada. É a mesma coisa, dia após dia." Ela continuou com esta ladainha por vários minutos, me dando exemplos sobre quão ruim era seu trabalho, deplorando as excentricidades de seu chefe louco e o resultado final, que era uma dinâmica de escritório nada funcional.

Eu estava a ponto de fazer um comentário quando ela disse algo surpreendente: "Na verdade, tenho uma ótima ideia para um novo negócio. É algo que venho querendo fazer há anos. Estou muito empolgada com isso. *Só que estou morrendo de medo de tentar*".

Ouvi essa mesma frase de várias formas de muitas pessoas.

"Me sinto estagnado."
"Não sei por onde começar."
"Provavelmente não vai dar certo mesmo."
"Não quero renunciar ao que tenho."
"Estou esperando até me aposentar."
"Não tenho dinheiro suficiente."
"Estou com medo."

Seria surpreendente para você saber que a maioria das pessoas sente medo antes de tentar algo novo? Recentemente, dei uma palestra em um auditório cheio de empresários. Perguntei: "Quantos de vocês estavam morrendo de medo antes de começar seu negócio?" A mão de todas as pessoas presentes se ergueu. Tentar algo novo gera ansiedade. Fiz uma segunda pergunta: "Quantos de vocês se sentiam confiantes de que possuíam dinheiro suficiente quando começaram seus negócios?" Desta vez, ninguém levantou a mão. Fiz minha terceira e última pergunta: "Quantos de vocês estavam certos de que sua ideia de negócio ia dar certo?" Desta vez, apenas um homem confiante levantou a mão.

O estereótipo de um empresário bem-sucedido é o de uma pessoa confiante e com iniciativa, que está nadando em dinheiro para investir em uma ideia infalível. Nada poderia estar mais distante da realidade. Quase todas as pessoas naquela sala cheia de empresários tiveram que superar suas dúvidas em relação a si mesmas e seus medos para poder começar o caminho que as levaria para um novo empreendimento. Os sentimentos são os mesmos para a maioria de nós, não importando se escolhemos começar nosso próprio negócio ou fazer alguma mudança igualmente corajosa em nossa vida.

> *Sonhar é fácil. Agir baseado nesses sonhos – dizer para si mesmo: "Ei, espere um momento, eu quero isto" – são outros quinhentos. É necessário convicção e fé, e até mesmo audácia. Mas considere uma vida sem arte, livros, filmes, design ou moda. Cada uma dessas coisas cresceu de um sonho que empurrava as fronteiras do possível.*
> MARTHA BECK

Então, se está pensando em simplesmente mudar de emprego, ou até mesmo em mudar totalmente sua carreira, você será assolado pelas mesmas perguntas internas. "Será que vou ganhar dinheiro suficiente?" "Será que vou gostar da mudança?" "Será que vou ser bem-sucedido?" "Como vou conseguir atrair clientes ou fregueses?" "E se não der certo?" Todas essas são perguntas perfeitamente válidas! Entenda, no entanto, que pode não haver respostas satisfatórias para elas no começo. É aí que entra a coragem! Eleanor Roosevelt entendeu isso quando disse: "Você ganha força, coragem e confiança a cada experiência quando realmente para para olhar o medo nos olhos... Você deve fazer aquilo que acha que não conseguirá fazer".

Você sabe para que está aqui? Se não souber, aqui vão algumas dicas: você sente paixão pelo quê? Que trabalho faria mesmo que não recebesse por isso? Sobre o que você lê ou estuda em seu tempo livre? Quais são seus *hobbies*? Há algum sistema social ou injustiça que você vê no mundo e que sente muita vontade de mudar? Todos esses são sinais de sua orientação interior sobre qual caminho seguir.

Que passos *você* pode dar para ir atrás de sua paixão? Aqui vão algumas dicas:

Apenas comece. Talvez você tenha visitado um consultor de carreira, feito um teste de personalidade e lido inúmeros livros de autoajuda e mesmo assim ainda não conseguiu identificar seu 'propósito de vida' ou 'missão de vida'. Você pode estar pensando grande demais e se permitindo um sentimento de desespero. A jornada para uma vida cheia de alegria e prosperidade geralmente começa aos trancos e barrancos. Comece hoje a se comprometer em fazer da vida uma aventura divertida em vez de uma busca por um significado mais profundo e dinheiro. Quais são duas coisas novas que você pode fazer nesta semana que são divertidas, fora da norma e que requerem um pouco de coragem? Você descobrirá, como muitos já o fizeram, que quanto mais você faz coisas que ama fazer, tanto o propósito maior quanto a prosperidade começam a fluir em sua vida.

Exercite seus músculos da coragem. Você sabe que tem que fazer uma mudança na vida. Suas finanças estão piorando e você está se sentindo estagnado em um emprego sem perspectivas. Por que parece que você não consegue recomeçar? A desculpa que tenho ouvido de muitos clientes é: "Estou com medo". Seria maravilhoso se houvesse uma 'fada da coragem' que pudesse usar sua varinha mágica e dar a você algo desse precioso artigo, mas isso provavelmente não vai acontecer. A cantora e oradora Jana Stansfield faz uma pergunta maravilhosa: "O que você faria hoje se fosse corajoso?" Desenvolver a coragem é como exercitar um músculo. Quanto mais você trabalha nisso e pratica, mais forte ele se torna. Quais são duas coisas que você tem dito que 'deveria' fazer e ainda não fez porque isso o deixa um pouco desconfortável? Pegue um bloquinho de anotações, escreva essas duas coisas, escolha um prazo e faça-as! Você se sentirá muito melhor quando elas estiverem feitas. Além disso, seus músculos da coragem ficarão mais fortes!

Afaste-se dos pessimistas. Há pelo menos um pessimista na vida de todo mundo. Você os conhece quando os ouve. "A economia está muito ruim. Dê um jeito de se virar com o emprego que tem." "Você nunca vai melhorar financeiramente. É ruim para gerenciar o dinheiro." Ou simplesmente: "Faça o que é seguro. Não assuma riscos". É necessário coragem para ouvir e agir de acordo com suas convicções internas. A voz mais encorajadora em sua vida deveria ser a sua própria. É isso o que conta. Encontrar seu propósito e paixão geralmente significa ir contra os conselhos bem-intencionados de sua família e até mesmo de seus amigos próximos. Dê um salto de fé e confie em seus sonhos.

Saia de sua área de conforto. Roma não foi construída em um dia e sua nova vida, prosperidade e carreira provavelmente também não serão. Mas tudo bem. Simplesmente se comprometa a começar.
Robert G. Allen é o autor do livro *Multiple Streams of Income* (*Múltiplas Fontes de Renda*). Uma vez eu o ouvi falar em uma convenção. Ele estendeu as mãos – mais ou menos a um metro de distância – e disse: "Tudo o que você quer está a 'esta distância' para fora de sua zona de conforto". Prepare-se para fazer mudanças em sua vida... e comece a fazê-las!

O Universo não pode ajudá-lo até que você se sinta disposto a sair de sua área de conforto.

Sintonize-se com sua intuição. Sua voz interior está sempre com você, fornecendo orientação sábia para ajudá-lo a criar a vida rica, maravilhosa e apaixonada que merece. Aproveite-a fazendo boas perguntas. Por exemplo: "Por que não consigo ganhar dinheiro?" ou "Por que não consigo um emprego melhor?" são duas armadilhas para o fracasso e desespero. Em vez disso, comece o dia com perguntas do tipo: "Como posso criar mais prosperidade?" "Em que poderia trabalhar e que me fizesse feliz?" "Por onde posso começar?" "O que eu poderia fazer hoje que seria um passo na direção certa?" E por aí vai.

> *Não importa que grau de insegurança sinta, uma parte sabe que há um monte de 'coisas' maravilhosas dentro de você apenas esperando para sair e agora é o momento perfeito para abrir a porta para seu poder e seu amor interiores.*
> SUSAN JEFFERS

Faça perguntas abertas, com a expectativa de obter respostas úteis e cheias de *insight*. Lembre-se: essas respostas nem sempre vêm totalmente formadas. Você pode sentir vontade de ligar para alguém e, quando o faz, recebe uma informação que lhe era necessária. Ou você pode ter uma impressão superficial sobre um curso que acaba sendo o próximo passo perfeito para um negócio que você está pensando em começar. Então, faça boas perguntas, confie em seus instintos e cultive uma vida nova em folha. Aqui vão três perguntas para ajudá-lo a começar:

1. *O que você faria hoje se tivesse coragem?*
Fazer essa pergunta pode provocar uma resposta imediata. Se assim for, comece a dar alguns pequenos passos nessa direção. Às vezes, a resposta leva mais tempo para vir até você. Esteja aberto a qualquer resposta interna ao longo dos próximos dias e semanas.

2. *Qual é a pior coisa que poderia acontecer?*
Frequentemente imaginamos um cenário inteiro de 'na pior das hipóteses' que parece destinado a acontecer se tivermos a audácia de ir atrás de nossos sonhos. Essas circunstâncias são geralmente altamente improváveis, mas ajudam a nos deixar conscientes de nossos medos.

3. *Qual é a melhor coisa que poderia acontecer?*
É importante destinar tempo igual ao lado positivo das coisas! Passe um tempinho pensando sobre isso! Uma vez definido isso e dado seu salto de fé, você pode se surpreender ao ver quão rapidamente a mudança positiva começa a ocorrer!

Você está aqui com um propósito de vida. Você pode não saber os detalhes específicos da missão. No entanto, sua intuição fornece o 'mapa interno' que o guia e está sempre dando as coordenadas corretas para levá-lo em direção ao grande final. Esse é seu trabalho e você é um pioneiro na trilha do desenrolar sem fim dessa tarefa. É necessário coragem? Sim! Vai haver momentos em que se sentirá perdido e incerto? Sim! Onde quer que esteja no caminho, você sempre terá uma profunda conexão com Deus por meio de sua intuição. Você nunca está sozinho. Tenha coragem e siga seu coração.

21. A LOTERIA DE DEUS

Quando a solução é simples, Deus está respondendo.
ALBERT EINSTEIN

É A HORA da confissão. Quem nunca sonhou com o grande prêmio? Quem dentre nós nunca pensou, uma vez ou outra, "Ah, se eu ganhasse na loteria, eu..."

- Sairia do meu emprego.
- Compraria uma casa na praia.
- Viajaria ao redor do mundo.
- Ajudaria os menos favorecidos.
- Teria a vida que sempre quis.
- E assim por diante.

Tenho novidades: *vai ver você já ganhou!* Parece uma daquelas terríveis correspondências de mala direta que recebemos pelo correio? Deixe-me explicar melhor... Deus tem um tipo de loteria. Ele não a distribui como o Papai Noel, dependendo de quem foi mau e quem foi bom. Ele nem sempre dá o prêmio todo de uma vez, como uma loteria tradicional faria. Você não tem que fazer nada para provar que é merecedor do prêmio. Você já é! E o mais importante é que ele nem sempre vem na forma de dinheiro! Hã?

Acredito que o Universo é um sistema de abundância vasto e magnífico. A maneira pela qual recebemos essa riqueza é através das ideias, pensamentos e oportunidades. Essa riqueza também vem por meio das ligações com as pessoas, os eventos e as circunstâncias. Deus não aparece simplesmente do nada e diz: "Ei, você aí! Bom trabalho! Aqui vai um cheque de mil reais!" Em vez disso, nos são dadas ideias para começar um novo negócio rentável, um emprego no qual poderemos aprender coisas novas e continuar a contribuir para nossa comunidade. A sabedoria do Universo também fornece maravilhosos eventos sincronizados que nos dão exatamente o que precisamos, geralmente sem a necessidade de usar dinheiro.

Vou lhe dar um exemplo: há muitos anos, meu marido e eu queríamos fazer uma viagem para a Flórida bem no meio de um inverno rigoroso e carregado de neve na Nova Inglaterra. Estávamos no que eu eufemisticamente chamo de 'modo apertem-os-cintos', pois tinha acabado de fazer uma reforma dispendiosa em casa. Estávamos nos sentindo um pouco para baixo, porque tínhamos decidido que os custos totais da viagem, acomodação e comida eram um pouco mais do que nos sentiríamos confortáveis em gastar. Geralmente sou uma otimista incurável e, secretamente, decidi que iríamos de qualquer forma.

Percebi que Deus simplesmente não tinha feito os preparativos ainda!

Mais ou menos uma semana antes da data que eu tinha planejado, recebi uma ligação de uma amiga que mora na Flórida. Ela disse que a companhia onde trabalhava era dona de vários apartamentos geralmente reservados para clientes que estavam de visita. Inesperadamente, um deles tinha ficado disponível para a semana em que gostaríamos de ir para lá. "Você e o Gary gostariam de vir?" Liguei para o meu agente de viagens, consegui um ótimo preço para as passagens aéreas e passei uma semana maravilhosa de férias em um apartamento luxuoso.

Dentro de sua energia de vida, personalidade
e mente há uma molécula oscilante de
bondade infinita: a Luz divina, a consciência
de Cristo. Se você se alinhar a essa
infinidade dentro de si, sempre
terá energia. Não há limite para a
quantidade de Força de Deus que você pode
ter.
STUART WILDE

"A abundância não é algo que adquirimos. É algo com o qual nos sintonizamos", disse Wayne Dyer. Ganhei um superprêmio na loteria? Obviamente não, mas, como Dyer sugere, acredito que me alinhei a uma energia Universal que trabalhou em meu benefício para trazer exatamente o que eu precisava e queria.

E você? Feche os olhos por um momento e pense nos pontos de mudança de sua vida. Alguém uma vez disse: "As coincidências são o meio que Deus tem de continuar anônimo". Já houve uma época em que você estava com falta de sorte e algum evento inesperado virou o jogo a seu favor? A mão de Deus está nos menores detalhes. Aprenda a procurar e esperar por Seus milagres. Quando você mantém seu coração e mente abertos e espera o melhor, oportunidades de prosperidade chovem.

Deixe-me dar outro exemplo. Vários meses atrás, falei com Melinda, uma jovem da América do Sul. Ela estava nos Estados Unidos por causa de uma bolsa de estudos, tinha dívidas e lutava para conseguir manter os treze irmãos e irmãs e a mãe doente na economia problemática da Colômbia. Ela estava bastante desesperada porque tinha chegado à conclusão de que odiava o curso. Percebeu que tinha escolhido esse curso apenas porque algo lhe tinha sido oferecido, e ela sentiu que não poderia recusar. O que ela realmente queria fazer era ir para uma faculdade de medicina.

Você pode imaginar a partir de todas as circunstâncias que descrevi que isso seria uma esticada financeira praticamente impossível. Ela rezava a Deus para ganhar na loteria para poder estudar medicina no Texas. Falei com ela sobre minha teoria de que o Universo frequentemente cria maneiras misteriosas para nos dar o que precisamos se estivermos abertos a isso.

Algumas semanas depois ela me ligou novamente e disse que duas coisas maravilhosas haviam acontecido. Inesperadamente, ela conhecera uma mulher que cuidava da parte de ajuda financeira do sistema de faculdades do Texas. Essa mulher estava mais do que feliz de poder ajudar Melinda a encontrar fontes para bancar sua formação em medicina.

Melinda também tinha seguido um impulso: ligou para uma amiga com a qual não falava havia muito tempo e mencionou seu desejo de se mudar para o Texas. A amiga contou que a maior parte de sua família mais distante morava lá. Mais tarde, naquela mesma semana, Melinda recebeu uma ligação da família da amiga do Texas dizendo que ela seria muito bem-vinda e que poderia ficar com eles quanto tempo precisasse.

Um outro cliente, Daniel, me ligou após ter sido demitido e após a esposa ter pedido o divórcio depois de um casamento de vinte e cinco anos. Não era um momento fácil para ele e ainda assim estava determinado a fazer o melhor que pudesse. Ele expressou sua vontade de começar sua própria empresa na mesma área da qual acabara de sair. Tinha sido um vendedor bem-sucedido por muitos anos, mas sempre sentia que poderia ganhar mais dinheiro por si próprio. Tinha algumas economias que sobraram da venda de uma casa, mas com razão estava ansioso sobre a possibilidade de perder tudo em uma empreitada financeira ruim.

Daniel fez a mesma piada que ouvi muitas vezes: "Você me vê ganhando na loteria?" Falamos sobre o que ele queria. Perguntei sobre suas esperanças e seus sonhos em relação ao negócio. Ele tinha um plano muito bem pensado, articulado com grande entusiasmo. Contei a ele sobre a ideia da 'loteria de Deus', ele riu e disse que esperava ganhar.

> *Você está desencorajado? Aguente firme, pois seu cheque de encorajamento está na caixa postal de Deus.*
> LANE PALMER

Apenas uma semana depois ele me telefonou. Sua mensagem dizia: "Me ligue. Você não vai acreditar no que acaba de acontecer". Quando consegui falar com ele, ele me descreveu uma série de eventos que eram melhores do que dinheiro no banco! Uma outra companhia tinha acabado de comprar seu maior concorrente. A nova empresa queria fechar a divisão rival. Quando os clientes descobriram, começaram a ligar aos montes para a firma recém-criada de Daniel, querendo trabalhar com ele. Daniel teve seus objetivos de um ano se manifestando dentro do primeiro mês de funcionamento do negócio. E, além disso tudo, tinha sido capaz de contratar alguns dos melhores funcionários da divisão concorrente, todos ansiosos para trabalhar para ele.

Se você contemplar essas histórias, mesmo que por meio segundo, perceberá que não há loteria humana que se compare à loteria de Deus. Com a primeira, você consegue dinheiro. Com a última, você consegue o trabalho que ama fazer, a alegria, a realização, as circunstâncias que sustentam seu crescimento e bem-estar e o prazer de estar a serviço do mundo. Você tem direito a essas bênçãos. Elas são suas para que você desfrute delas.

É necessário mudar o foco e começar a se abrir para as possibilidades que a vida e Deus podem lhe trazer. Mesmo que possa parecer fácil, isso requer paciência, prática e fé. Às vezes rezamos por uma solução rápida, partindo de nossa pequena perspectiva de vida, e não nos permitimos olhar para o quadro maior. O Universo tem fontes infinitas para dar a você a abundância e os recursos que merece.

Você é parte de uma realidade maior. Ainda acha que Deus teria lhe dado um propósito de vida, uma paixão, uma missão e não teria lhe dado os meios para fazer o que você veio aqui cumprir? É necessário criatividade e disposição para olhar para fora e encontrar esses recursos. Esteja aberto ao Universo de possibilidades.

22. Desvencilhando-se da Preocupação

Noventa e oito por cento das coisas com as quais eu me preocupava nunca aconteceram.
MARK TWAIN

RECENTEMENTE tive uma conversa com minha amiga Cathy, que é bastante rica para os padrões da maioria das pessoas. Ela disse que estava se sentindo pobre e exclamou: "Eu me preocupo se vou poder fazer minha viagem pelo mundo neste verão". Isso pode parecer cômico para a maior parte de vocês e, mesmo assim, o medo e a preocupação dela eram plausíveis. Quando nos preocupamos, colocamos um resultado negativo em nossa mente. Parece bastante real para nós e nossas emoções começam a acompanhar essa imagem que temos na cabeça. Começamos a sentir medo, ansiedade e falta de esperança. Mesmo que a preocupação imaginada nunca chegue a se materializar, a preocupação já cobrou seu preço.

Edward M. Hallowell, doutor em medicina, que escreveu o livro *Worry: Hope and Help for a Common Condition* (*Preocupação: Esperança e Ajuda para uma Condição Comum*), diz que: "A preocupação é assustadoramente comum. Pelo menos um em cada quatro americanos – aproximadamente sessenta e cinco milhões de pessoas – alcançará os critérios para um distúrbio de ansiedade em algum momento da vida". Ao contrário de minha amiga Cathy, a maior parte de nós se preocupa com questões mais próximas de nosso lar. Será que vou conseguir pagar o financiamento este mês? E se meu marido perder o emprego? E se meus pais precisarem de cuidados por um longo tempo? Estou com todos os cartões de crédito no limite e não sei como vou me livrar dessa dívida. Socorro!

Quando se preocupa excessivamente você fica com medo de assumir riscos ou de tentar algo novo. A preocupação crônica rouba sua prosperidade. Ela rouba sua paz de espírito. Ela o engana e o impede de ter uma vida plena, rica e abundante, uma vida que você merece. Você começa a perder a esperança de que as coisas não vão mudar até sua situação mudar. Com certeza, você se sente sem esperança.

> *Faça-se a seguinte pergunta:*
> *"Qual é a pior coisa que pode acontecer?"*
> *Prepare-se para aceitá-la. E então melhore,*
> *baseando-se no pior.*
> DALE CARNEGIE

A autora Melodie Beattie escreveu: "E se soubéssemos com certeza que tudo o que nos está preocupando hoje vai se resolver? E se... soubéssemos que o futuro seria bom e que teríamos uma abundância de recursos e orientação para lidar com o que quer que fosse? E se... soubéssemos que tudo está bem e que não temos de nos preocupar com coisa alguma? O que faríamos então? Estaríamos livres para nos soltar e curtir a vida".

Como se faz a mudança de pessoa ansiosa e preocupada para pessoa confiante em suas escolhas e cheia de fé sobre o futuro? Como faria o "se soltar e curtir a vida", que Beattie encoraja a fazer? Aqui vão algumas dicas para ajudá-lo a realizar essa transformação:

Observe sua preocupação. Quais são suas preocupações mais comuns? Durante um período de vários dias, comece a anotá-las. Preste bastante atenção a quaisquer pensamentos ou frases que realmente se fixam em você e perturbam seu bem-estar. Talvez você tenha ansiedades pouco definidas, como 'nunca ir para a frente', ou algumas mais específicas do tipo: "e se meu carro quebrar e eu não puder pagar o conserto?" Muitas pessoas nem estão cientes de que se preocupam. Elas simplesmente experimentam um estado de ansiedade generalizada. Ter consciência do hábito de se preocupar é apenas o primeiro passo em direção à transformação para a paz de espírito.

Mude seu pensamento. Após ter tido uma chance de analisar seu padrão de preocupação, você pode começar a ver um tema surgir. Talvez reconheça uma crença bastante arraigada de que você 'não é sortudo' ou de que sempre será pobre. Comece a examinar esses pensamentos. Como você poderia mudar suas opiniões para que elas fossem mais positivas? Não estou sugerindo que, como Poliana, você simplesmente queira que eles desapareçam. Estou dizendo para você substituir os pensamentos de preocupação crônica por outros que criem um estado mental de mais paz. Quando você se pegar começando a se preocupar, tente uma destas frases: "As coisas têm sua maneira de dar certo". "A maior parte das coisas com as quais me preocupo não acontece." "Sobreviverei a este momento difícil."

Quais são as expressões que fazem você se sentir melhor? Um pensamento positivo por vez pode gradualmente mudar o equilíbrio de seus pensamentos depressivos para pensamentos encorajadores. Escreva seus pensamentos positivos e coloque-os em um local bem à vista.

Distraia-se. Se você quase fundiu a cabeça se preocupando com seus problemas financeiros e uma mudança nos pensamentos parece algo cômico, distraia-se! Faça um esforço para não pensar nas coisas com as quais está ansioso. Saia de casa. Ligue para um amigo. Vá ao cinema. Acaricie seu gato. Leve o cachorro para passear. Converse com um vizinho. Leia um bom livro. Vá à academia. Planeje um jantar especial para você e seu amor. Brinque com as crianças. Pense em algumas atividades divertidas para o próximo fim de semana. O que funciona para você?

> *Acredito que Deus esteja gerenciando negócios e que Ele não precisa de nenhum conselho meu. Com Deus no comando, creio que tudo se resolverá da melhor maneira no final das contas. Então, o que há para se preocupar?*
> HENRY FORD

Seja criativo. Conversei com as pessoas sobre como elas lidam com ataques de preocupação contínua e ouvi algumas técnicas engraçadas, porém eficientes. Cliff tem uma caixa de preocupações. Ele escreve todas as suas ansiedades em um pedaço de papel e as coloca em uma caixa na prateleira de livros. Uma vez por ano ele tira todas lá de dentro e fica encantado ao descobrir que 99% das coisas que ele escreveu nunca aconteceram. Érica exagera nas suas preocupações e me cativa com suas possibilidades histéricas de 'na pior das hipóteses'. Ela acha que, se conseguir rir de suas preocupações, poderá livrar-se delas mais facilmente! Kate tem uma enorme 'boneca da preocupação' em seu escritório. Se tudo o mais falhar, ela diz para a boneca que é a vez *dela* se preocupar! Serve como um lembrete de que ela pode deixar suas preocupações de lado por um tempinho. Qual seria um meio criativo para você lidar com sua preocupação?

Aja. Foi Will Rogers quem disse: "Mesmo que esteja no caminho certo, você ainda será atropelado se ficar lá parado". A preocupação pode paralisar você emocionalmente caso você a deixe, e nada cura a preocupação mais rápido do que agir. Sente-se por um momento e escreva a maior preocupação que você tem. Talvez seja uma que o desperte às 3 da manhã ou uma que fica perturbando no fundo da sua mente enquanto trabalha. Agora, rapidamente, liste quatro – e apenas quatro – coisas que você pode fazer para começar a criar uma solução. Sua lista pode incluir ligar para um amigo para falar sobre o problema ou marcar uma hora com um consultor financeiro para analisar alguns fatos sobre sua situação. Talvez você possa fazer algum curso para aprender a gerenciar melhor suas finanças. Essas tarefas *não* têm de ser grandes. Na verdade, quanto menores, melhor, porque isso aumenta a probabilidade de que você realmente as *fará*! Escreva sua lista agora.

> *Os altos e baixos da vida abrem janelas*
> *de oportunidade para determinar [seus]*
> *valores e objetivos. Pense em usar todos*
> *os obstáculos como pedras no rio para*
> *construir a vida que você quer.*
> MARSHA SINETAR

Mexa o corpo. Qualquer tipo de exercício vai reduzir a ansiedade, porque induz a produção de endorfinas, os tranquilizantes naturais do corpo. Escolha uma atividade que considere divertida. Há tantas para se escolher – fazer ioga, caminhar, nadar, jogar tênis, dançar e pedalar são apenas alguns exemplos. O que você gostava de fazer quando era criança? Isso pode lhe dar uma pista sobre qual esporte praticar quando adulto. O exercício promove o sono, reduz a tendência a comer demais, ajuda na concentração e auxilia no controle da preocupação. A Associação Médica dos Estados Unidos relata que a atividade física "reduz os sintomas da ansiedade e depressão e estimula melhoras no humor e sentimentos de bem-estar". Obviamente, o exercício não vai fazer seus problemas financeiros irem embora. O que *vai* acontecer é que você se sentirá melhor, experimentará menos ansiedade e terá mais energia. Todas essas coisas vão contribuir para um bem-estar generalizado, que deixará você aberto para as mensagens prósperas de abundância do Universo.

Reze ou medite. Fale com Deus sobre suas preocupações financeiras. Há todo tipo de orações formais implorando ao Divino por prosperidade. No entanto, acredito bastante no simples ato de falar com seu coração. "Deus, estou preocupado se vou conseguir ou não pagar as contas deste mês. Sei que há muitas maneiras de o Senhor me ajudar a descobrir como criar abundância. Coloco isso em suas mãos". O Reverendo Dr. Robert H. Schuller diz que "Há 365 versos na Bíblia que começam com as palavras 'Não tema'". Muitas religiões e práticas espirituais nos encorajam a colocar nossos temores nas mãos de um poder maior. Diga o que quer que esteja em sua mente ou coração, mas afirme o que você (espero) agora sabe ser verdade, *que a prosperidade é sua por direito*. Se apenas falar com Deus lhe soar muito estranho, leia a Oração da Prosperidade no Capítulo 9. Muitas pessoas acham difícil sossegar suas mentes o bastante para meditar de maneira eficiente. É particularmente difícil quando você está em uma fase de ansiedade. Se for assim com você, simplesmente sente-se por não mais que cinco minutos e diga uma ou várias frases reconfortantes em voz alta para si mesmo, tais como: "O Universo é abundante". "Deus fornece tudo de que preciso." Ou "Eu paro de ter medo e preocupação e sei que tudo vai dar certo".

Se a preocupação é um grande problema para você, pegue seu diário e escreva seus pensamentos sobre as seguintes questões:

- Com o que me preocupo mais?
- Qual é a pior coisa que poderia acontecer?
- Quais são as cinco coisas que eu poderia fazer para evitar que isso aconteça?
- Que estratégia posso adotar da próxima vez que as dúvidas e preocupações começarem?
- Quando você começar a se tornar ciente de suas preocupações e tiver um plano de ação

para gerenciá-las, verá que elas começam a se dissipar. A ansiedade que costumava sentir será substituída por um sentimento de liberdade e tranquilidade.

23. Aprenda a V.O.A.R.

*O Universo é transformação; nossa vida
é o que nossos pensamentos fazem dela.*
MARCO AURÉLIO

EU PENSO no dinheiro como um jogo. Eu sempre espero com ansiosa alegria para ver a nova maneira que o Universo vai usar para trazer abundância para mim. Ele sempre o faz e sou eternamente agradecida. Sempre fico deslumbrada com as maneiras milagrosas e criativas com que a abundância chega.

Tenho trabalhado com as técnicas contidas neste livro há mais de vinte anos. Criei um hábito consciente de ser clara sobre meus objetivos e desejos e também criei uma consciência sobre meus pensamentos, crenças e emoções. Graças a essa prática, eu geralmente crio o que quero. Às vezes leva um tempo para acontecer e, em outras vezes, vejo evidência da manifestação imediatamente.

Notei que, à medida que vinha escrevendo este livro durante os últimos meses, eu tinha uma resistência escondida que me impedia de ter o que eu consideraria dinheiro *mais que suficiente*. Suspeito que seja algo que muitos de vocês vivenciam, também. Deixe-me dar um exemplo.

Meu marido e eu recentemente decidimos que precisávamos comprar um novo colchão para a cama. Se você saiu para comprar um recentemente, sabe que eles não são baratos. Um colchão de preço médio custa em torno de mil reais. Nós temos esse dinheiro no banco e ainda assim eu me senti meio deprimida com a ideia de comprá-lo. Ao longo do dia eu me vi pensando em números. Se eu comprasse o colchão, não poderia comprar outra coisa. Fiquei visualizando aqueles mil reais sendo subtraídos do total de nossa conta e pude sentir meu humor afundar.

A apreciação pode melhorar um dia, até mesmo mudar uma vida. Sua disposição de colocá-la em palavras é tudo o que é necessário.
MARGARET COUSINS

Finalmente percebi que o que estava fazendo era a 'visualização da escassez'. Eu estava imaginando menos dinheiro e inventando esta história em minha cabeça de que o que havia em nossa conta era a única fonte de dinheiro. Você pode ter uma versão diferente da situação. Pode imaginar que teria que colocar esta compra no cartão de crédito e então visualizar a dificuldade que teria para pagar a conta sempre crescente do Visa ou do MasterCard. Você pode simplesmente dizer para si mesmo: "Tenho que me virar com meu velho colchão cheio de bolinhas porque estou realmente sem dinheiro". Você pode ver a imagem de noites de insônia neste colchão desconfortável e, com isso, reforçar seu estado de pobreza.

Conforme me tornei ciente de meu raciocínio enquanto contemplava esta compra, ouvi uma voz interna diferente. É a voz que eu ligo à minha intuição. Eu ouvi: "Lynn, você precisa voar". Aquilo não fez o menor sentido para mim a não ser que era uma frase bonita. Eu a ignorei. De todas as pessoas, eu deveria saber mais que ninguém o que fazer com mensagens intuitivas. Minha única desculpa era de que eu tinha ficado perdida em pensamentos negativos!

Sempre percebo que, quando você ignora uma mensagem verdadeira de orientação interna, ela volta de maneira mais forte ou possivelmente de uma forma diferente. Eu chamo isso de 'cutucões intuitivos'. Eu estava definitivamente sendo 'cutucada' pela frase 'Você precisa voar'. Então, sentei-me para meditar e tentei limpar minha mente. Lembre-se de que a intuição frequentemente se apresenta como uma imagem ou figura simbólica. Quando me permiti entrar em um estado de receptividade, vi um pequeno sinal. Ele dizia:

V.O.A.R...
Vire – Observe – Aprecie – Receba

No decorrer dos dias seguintes, pedaços e trechos de uma poderosa técnica de prosperidade começaram a se juntar em minha mente. Eis o que aprendi:

Vire

O primeiro passo para se quebrar qualquer hábito é ter consciência de que você o tem. Vire-se para dentro de si e pare no momento em que estiver tendo um daqueles tipos de pensamento sobre escassez. O que você constantemente diz para si mesmo? Aqui vão algumas coisas comuns que ouço de meus clientes: "Não posso pagar por isso". "Nunca vou conseguir ir adiante." "Estou estagnado neste emprego que paga pouco." "Não sei como vou conseguir pagar as contas este mês." "Sinto como se estivesse vivendo à margem o tempo todo." Ou simplesmente: "Estou *tão* estressado!"

Entenda que o que você está dizendo para si mesmo pode *parecer* verdade para você. Até agora esses pensamentos negativos eram a mensagem que você estava enviando para o Universo. Eles eram as crenças que você tem manifestado como realidade. Lembre-se de que o Universo sempre diz 'sim'. Esses são os pensamentos que você quer que sejam afirmados? Minha intuição diz que não são. Então a primeira chave para a prosperidade é virar-se para si mesmo e parar de pensar neles!

Observe

Simplesmente observe os comentários que tem

feito. Não se abale com esses pensamentos. Examine a natureza dos pensamentos negativos. Há algum tema por baixo de tudo que você possa observar? Poderia ser uma crença em sua falta de autoestima, uma preocupação sobre suas habilidades para gerenciar dinheiro ou tempo, uma visão cronicamente pessimista sobre a vida em geral ou o dinheiro em particular.

Seja gentil e legal durante este estágio. Se ouvisse alguém que você ama dizendo aquelas palavras autodestrutivas relacionadas na seção anterior, você provavelmente gostaria de correr para fornecer algum apoio e encorajamento. Não gaste muito tempo, energia e concentração no *porquê* de você ter essas crenças. Simplesmente pergunte-se: "Essas afirmações são algo que quero continuar criando em minha vida?" A resposta, provavelmente, será não.

Aprecie
Você está ciente dos pensamentos negativos; você conseguiu virar-se para dentro de si mesmo e pará-los, e prestou atenção ao seu conteúdo com observação gentil. A chave agora é tirar seu foco daquilo que você *não* quer e colocá-lo em alguma ideia ou pensamento que o faça sentir-se bem. As pesquisas repetidamente indicam que a gratidão e a apreciação criam prosperidade. O orador motivacional Tony Robbins fala isso de uma maneira melhor quando diz: "Quando você se sente grato, o medo desaparece e a prosperidade aparece".

Quando está descontente, você sempre quer mais, mais e mais. Seu desejo nunca consegue ser saciado. Mas quando pratica o contentamento, você pode dizer para si mesmo: "Ah, sim – eu já tenho tudo de que realmente preciso".

DALAI-LAMA

Se você olhar, vai encontrar muitas coisas em sua vida atual que pode apreciar. Elas não precisam ser relacionadas a dinheiro ou prosperidade ou ao seu atual estado financeiro. Aqui vão alguns exemplos de minha própria vida hoje:

Minha vizinha me fez uma visitinha hoje e trouxe biscoitos recém-saídos do forno. É realmente ótimo ter pessoas tão atenciosas perto de mim.
Fiz uma pausa em meus escritos esta tarde e curti uma longa caminhada em volta de alguns jardins que ficam a alguns minutos de carro de casa.
Meu filho completou vinte e um anos hoje. Foi ótimo tê-lo para jantar em casa a noite passada e eu aprecio o quão legal ele é.
Meu marido fez uma xícara de chá para mim e a levou até meu escritório. Isso me fez sentir que alguém cuida de mim.

A intenção da fase da Apreciação é ajudá-lo a mudar seus pensamentos e sentimentos de 'coitadinho de mim' para a gratidão. A mudança de foco o auxilia a se tornar uma antena de vibrações para o que quer criar em sua vida. Ou seja, mais facilidade, dinheiro, alegria e paz.

Receba

Aqui vem a parte difícil. 'Receber' não significa que, após ter completado a parte "V-O-A" de V.O.A.R., o dinheiro vai magicamente aparecer em sua carteira ou em sua conta bancária. Em vez disso, é uma *atitude* de *recepção*. É se abrir para a abundância que é Deus dentro de você e a Sabedoria que preenche o Universo. É um estado de mente de se livrar do medo e permitir a fé.

Quando passo para o modo 'Receber', inspiro profundamente e em minha mente vejo meus braços abertos prontos para receber. Sinto meu coração se abrir, minha respiração calma e um sentimento de paz me invade. Então eu sei, lá no fundo, que estou segura. Tenho o suficiente *neste instante*, hoje. Tudo está bem. Confio em um poder maior que eu para suprir tudo de que necessito para fazer o trabalho que vim aqui fazer.

24. Programas baratos podem ser divertidos

A maneira mais segura de dobrar seu dinheiro é dobrar a nota duas vezes e colocá-la no bolso.
FRANK MCKINNEY HUBBARD

QUANDO pensa em ter riqueza ilimitada, você pode se ver fantasiando com carros novos, viagens para lugares exóticos, novas bugigangas eletrônicas, roupas de marcas famosas e casas fabulosas. Você já planejou uma viagem meses ou até mesmo anos antes? Você espera por ela, lê livros sobre a área e pensa em toda a diversão que vai ter quando estiver lá. Então, lá está você! Você se diverte à beça, visita todos os pontos turísticos e volta para casa uma ou duas semanas mais tarde. Você está de volta à sua vida normal e de volta ao pagamento da dívida de seu cartão de crédito decorrente da viagem.

É a mesma coisa com um carro novo, a roupa da moda ou o computador mais moderno. Tudo fica velho muito rapidamente. A rápida emoção que você sentiu ao ser capaz de comprar algo e ser dono disso pode ter sido a extensão do prazer que esse objeto lhe deu.

Do mesmo modo que não há nada de errado em comprar coisas caras, a chave para criar a riqueza que você quer e merece não é necessariamente ganhar mais dinheiro; é poupar o dinheiro que você ganha. Uma cliente somou todos os valores de seus gastos 'luxuosos' durante um período de dois meses, e então calculou quants horas tinha trabalhado para financiá-los. Ela ficou chocada com o resultado. Ela estava determinada a se divertir, se aventurar e se entusiasmar em sua vida diária ao mesmo tempo que economizaria dinheiro.

Minha amiga Barbara e eu nos encontramos no verão passado para almoçar no famoso bairro italiano de Boston, o Italian North End. Tínhamos decidido ir lá graças a uma crítica de um jornal local. Conforme íamos descendo uma rua estreitinha em direção ao restaurante, as pessoas ao nosso redor falavam italiano. Dobramos uma esquina e nos deparamos com um grupo celebrando a Festa de Santo Antônio com um desfile, música, comida e alegria. Barbara olhou para mim e riu, dizendo: "Sabe, estou me sentindo como se estivéssemos em Roma!" Saboreamos um excelente almoço e passamos uma tarde maravilhosa, e ela estava certa.

> *Decida não ser pobre.*
> *Independentemente do que tiver, gaste menos.*
> SAMUEL JOHNSON

Sua fantasia me deixou pensando. Não há nada errado em querer as viagens, os carros, as casas etc. Se você tiver dinheiro para curtir todas essas coisas sem ter que entrar em dívida ou acabar com todas as suas economias, vá em frente! Mas quantas vezes ignoramos o que está bem aqui em nosso quintal, cidade ou região? Há tanta coisa que o Universo nos fornece que é de graça ou barato. Com aquilo em mente, eu me tornei a 'Rainha dos Programas Baratos' e estava determinada a encontrar maneiras de incorporar a diversão em minha vida *diária*.

Sua vida não tem que ser apenas levantar, ir para o trabalho, voltar pra casa, jantar, ajudar as crianças com a tarefa escolar e ir para a cama novamente. A diversão e o entretenimento não precisam ser relegados a uma ou duas férias anuais ou àquele sentimento de euforia temporário que temos quando compramos alguma coisa nova e cara.

O que é divertido para você? É cozinhar para seus amigos, explorar um novo lugar para fazer caminhada, brincar com as crianças na vizinhança ou ir ao teatro? Talvez esta seja a hora para pôr a leitura em dia ou fazer um curso. Oprah Winfrey escreveu: "[Se você prestar atenção] às vezes que se sentiu mais alegre, mais inteiramente engajado, mais conectado consigo mesmo e com os outros – você sempre será guiado ao próximo lugar melhor. A única coragem que você precisa ter é seguir sua paixão". Seu sentimento de alegria é *o* que pode guiar para aqueles próximos passos tão necessários à vida rica que você merece!

Pare um pouco para se lembrar da última vez que você realmente se divertiu.

- O que você estava fazendo?
- Por que era tão divertido?
- Você estava com amigos, com a família ou sozinho?
- A quantia de dinheiro que gastou estava relacionada à quantidade de diversão que você teve?
- Quais são as sete coisas que você mais gosta de fazer em seu tempo livre?
- Se tivesse que passar umas férias absolutamente fabulosas, para onde iria e o que faria?
- Como você poderia ser criativo e copiar essas férias de maneira barata?

Aqui vão algumas ideias sobre como se divertir com seus próprios programas baratos:

Verifique os teatros, óperas ou orquestras sinfônicas locais. Escolas de ensino médio, faculdades e muitas cidades têm concertos maravilhosos com preços muito menores do que o normal. Durante os meses de verão, sua cidade pode oferecer uma série de 'concertos no parque'. Leve pão, queijo e frutas e curta uma noite de diversão debaixo das estrelas. E ainda melhor, convide alguns amigos para ir com você.

Seja um turista e explore sua própria cidade ou região. Eu moro na Nova Inglaterra, um lugar para onde pessoas de todas as partes do mundo vêm para visitar. Sinto-me abençoada por morar em um local de fácil acesso a seis estados. No entanto, chocou-me um dia perceber que eu tinha feito poucas incursões turísticas em minha própria região. E você? Que tal sair para apreciar a paisagem de sua própria cidade?

Se você decidiu que o fato de comer fora frequentemente está devorando suas economias, considere a possibilidade de ir tomar café da manhã ou almoçar fora em vez de jantar. Quando meu marido e eu viajamos, geralmente transformamos nosso almoço na 'grande refeição' do dia e comemos petiscos e salada no jantar. Também temos um 'compromisso' de tomar o café da manhã de domingo na lanchonete local. É um ritual maravilhoso que nos permite comentar o que aconteceu na semana anterior e planejar a semana que se inicia.

Está se sentindo sozinho ou apenas quer fazer novos amigos? Considere a ideia de se juntar ou de iniciar um clube do livro no seu bairro. Faço parte de um há mais de cinco anos e é uma fonte de risadas e espírito de comunidade. Outros amigos que conhecemos criaram um 'Clube do Jantar'. Um grupo de sete a oito pessoas se reveza para fazer jantares informais nas casas uns dos outros.

> *Um homem é rico na proporção do número*
> *de coisas que ele pode deixar de lado.*
> HENRY DAVID THOREAU

Seja um voluntário! O que você adora fazer como *hobby*? Há alguma maneira de compartilhar esse talento no asilo local, no hospital, na creche ou em alguma outra organização sem fins lucrativos? Você também pode ficar surpreso ao ver com que frequência alguma coisa que você oferece de graça pode abrir as portas para oportunidades remuneradas.

Piqueniques são uma grande alternativa para se comer fora. Eu trabalho em casa e nos meses mais quentes frequentemente preparo um sanduíche ou pego algumas sobras do dia anterior e vou me sentar ao lado de uma cachoeira que fica a pouco tempo de carro de minha casa. Coloque a família no carro, prepare alguma comidinha e vá para a praia, ou coloque tudo em uma mochila e planeje comer em um ponto bem bonito ao longo de uma trilha.

Apanhe seus próprios vegetais e frutas. Tenho ótimas lembranças de colher morangos com meus pais quando era criança. Minha mãe e eu fazíamos geleia de morango juntas. Nós também congelávamos algumas das frutas e fazíamos bolinhos de morango durante os meses de inverno que se seguiam.

O que você amava fazer quando era criança? Vá ao parquinho local e brinque nos balanços. Leve um amigo e brinque na gangorra. Inicie um jogo de bola com os vizinhos. Jogue golfe em miniatura, brinque com frescobol ou vá jogar boliche. Você nunca estará velho demais para ser criança novamente!

Se você está envergonhado de fazer coisas de criança sozinho e não tem filhos pequenos, considere a hipótese de 'alugar' uma criança por um dia. Se há um evento local para crianças que você acha que seria divertido, convide os filhos de seu vizinho ou suas sobrinhas e seus sobrinhos para irem com você. Eles podem ajudá-lo a se lembrar como ser uma criança de novo.

Faça uma excursão em uma fábrica. Elas geralmente são de graça. Também são divertidas e educativas. É fascinante ver como algo é feito, construído ou embalado. Já participei de excursões em indústrias de chocolate, geleia e sorvete. (Hmmm... está percebendo um tema aqui?)

Vá às feiras locais da igreja, de artesanato ou da comunidade. Elas são divertidas e uma fonte maravilhosa de presentes baratos, originais e criativos para todas as ocasiões. Elas geralmente têm jogos de entretenimento e diversões para as crianças também.

Veja um nascer ou um pôr do sol. Todo mundo fala sobre caminhadas na praia ao pôr do sol. Qual foi a última vez que *você* passou um tempo contemplando e curtindo a abundância da natureza?

Finja-se de milionário por um dia. Vista suas melhores roupas, dirija até um bairro de classe alta e visite as casas disponíveis. Sábado e domingo são os melhores dias, com maior probabilidade de se encontrar casas abertas à visitação. Caminhe como se fosse um futuro comprador. Verifique a cozinha e abra os armários e a geladeira, atravesse a sala de jantar, os quartos e a sala de estar, e imagine como seria viver ali. Isso é uma ótima ferramenta para ajudá-lo a visualizar a casa dos seus sonhos.

Não pare por aí! Você precisa de móveis para sua casa. Vá passear em uma área comercial cara. Sente-se em alguns dos sofás mais caros; ponha os pés para cima em uma das cadeiras reclináveis. Veja as banheiras de hidromassagem e os aparelhos de som e aprenda algo sobre tapetes orientais. Se puder contar com seu amor para brincar com você, discutam as cores da casa e decidam onde colocariam cada móvel na casa dos seus sonhos. Um cuidado nesse programa barato é deixar claro que vocês estão apenas 'olhando'. Não faça um vendedor perder seu tempo se você não tem intenção de comprar nada.

Estou começando a aprender que as coisas doces e simples da vida é que são as coisas reais afinal de contas.
LAURA INGALLS WILDER

Vá fazer um curso. O que você adoraria aprender? Meu sonho é fazer um curso de culinária na Provença, no sul da França. Enquanto isso, fiz aulas com um *chef* local sobre como fazer *croissants*, outro seminário sobre como ter um jardinzinho de ervas no parapeito da janela da cozinha e umas aulas rápidas de francês para turistas. Muitas cidades têm cursos bem baratos para adultos, e as faculdades geralmente permitem alunos ouvintes de graça ou por uma pequena taxa.

Então, qual é a sua maneira favorita de se divertir? Tenho certeza de que consegue pensar em muitas mais do que aquelas que relacionei aqui. Um dos muitos segredos para se criar uma vida próspera é curtir a vida que você tem aqui e agora. Caso contrário, você vai terminar como a escritora Colette, que afirmou: "Que vida ótima eu tive! Apenas gostaria de ter percebido isso mais cedo".

25. Falhando no caminho para o sucesso

Um contratempo pode nos levar a um lugar melhor – caso nós o deixemos.
ANNE WILSON SCHAEF

EU ESTAVA pronta para uma mudança em minha vida. Estava ficando entediada com meu emprego. Tinha apenas vinte e quatro anos e estava buscando uma nova aventura. Ouvi falar de uma vaga em uma nova empresa no interior de Nova York, candidatei-me e fui fazer uma entrevista. Uma semana depois recebi uma ligação do vice-presidente da companhia me oferecendo o emprego. Avisei meu chefe, empacotei tudo o que havia em meu apartamento e me despedi dos amigos. Poucos dias depois meu gato e eu estávamos a caminho. Daí em diante foi tudo por água abaixo. Trabalhei na empresa por dois meses e em seguida ela fechou.

Eu estava em uma nova cidade e não tinha um amigo sequer. Tinha muito pouco dinheiro, já que a mudança e a instalação no novo apartamento tinham acabado com o pequeno pé-de-meia que eu tinha acumulado. Estava me sentindo arruinada, sozinha e com medo. "Como consegui ser um fracasso tão cedo na minha vida?", eu me perguntava. Fiquei naquele estado de pânico por meses, incapaz de sair da inércia e da ansiedade que me envolviam.

Se você pudesse ter lido minha mente durante aquela época teria visto uma ladainha de pensamentos baseados em medo. "Não tenho talento para nada." "Vou acabar pobre e na rua." "Não tenho estudo ou experiência suficientes para conseguir outro emprego." Parecia que eu não conseguia nem me mexer um pouquinho para checar o caderno de empregos. Eu tinha uma vaga ideia de que queria "ajudar as pessoas" e estava interessada em tudo o que fosse espiritual, mas aquele tipo de informação não levava facilmente a um plano de ação para procurar emprego! A única coisa que eu podia pensar era em rezar e me agarrar a uma intuição fraquinha de que udo acabaria bem.

A resposta às minhas preces veio em uma manhã quando peguei o jornal local e vi um curso, marcado para aquela noite, sobre como desenvolver sua intuição. Este assunto sempre tinha sido uma das minhas paixões e decidi ir ao curso. A versão resumida da história foi que, após assistir àquela aula, percebi que eu era muito boa em "fazer leituras" e que poderia ser capaz de ganhar dinheiro daquela forma. Também conheci uma mulher maravilhosa que, ao ouvir que eu era nova na cidade, quis fazer uma festa e me apresentar aos seus amigos.

A coincidência da festa e o anúncio de minha nova "profissão" resultaram em muitas pessoas marcando hora comigo. Meu novo emprego havia nascido. Acabei vendo que minha mudança e saída de emprego foram, na verdade, um presente. Anne Wilson Shaef, autora de *Meditations for Living in Balance* (*Meditações para se Viver em Equilíbrio*), escreveu: "O que nós percebemos como uma falha pode ser simplesmente a maneira de nosso ser interior nos dizer que estamos prontos para mudar para um novo nível de crescimento". Eu acabara de ganhar uma nova carreira, novas esperanças e amigos com pensamentos semelhantes, e agora estava embarcando em uma jornada pela qual tinha verdadeira paixão.

Você está no meio de algo que vê como fracasso? Talvez você tenha sido demitido de seu emprego, esteja à beira da falência ou passando por um complicado divórcio. Por mais que você queira que sejam diferentes, essas situações são dolorosas e difíceis. Elas requerem que nós encaremos nossos maiores medos: medo de errar, medo de se sentir sozinho, medo de fracassar. É geralmente durante esses tempos difíceis que nos viramos para Deus e aprofundamos nossa fé e conexão espiritual. O autor Paul Brunton coloca isso da seguinte forma: "Quando cada situação que a vida pode oferecer é direcionada para o lucro do crescimento espiritual, nenhuma situação pode ser realmente ruim".

Ninguém escapa dos tempos escuros.
Não é uma questão de se eles vão ou não
acontecer; é apenas o que faremos quando
eles aparecerem. Se nosso objetivo é evitar
o escuro, nunca encontraremos realmente a
luz. Se nosso objetivo é evitar a dor, então
nunca encontraremos realmente a alegria
verdadeira. Deus pode trabalhar mais
poderosamente em nossas vidas enquanto
nós passamos por espontânea vontade um
certo tempo no escuro.

MARY MANIN MORRISSEY

Nossa intuição está conectada a uma parte mais sábia de nós que vê a figura maior de nossas vidas e sabe o que precisamos aprender para poder seguir adiante em nossa jornada nesta vida. A paciência, a confiança e a fé são necessárias após recebermos um golpe inesperado do destino. Você não foi enviado para cá para falhar. Pode ser difícil confiar que o Universo sabe o que está fazendo e que aquele pode ser o caminho de menor resistência. Você precisa acompanhar o fluxo e saber que há uma nova e maravilhosa vida esperando para nascer.

Momentos difíceis nunca são duradouros. Quando você está passando por uma dificuldade, tem medo de que ela dure para sempre. Porém, falando de modo geral, a maioria das desilusões da vida são relativamente curtas. É importante lembrar que todos nós passamos por fracassos em um momento ou outro da vida. Como o ator Mickey Rooney disse: "Você sempre passa pelo fracasso em seu caminho para o sucesso". Lembre-se também de que o fracasso é um *evento* ou *situação* em que você se encontra. Você corre perigo apenas quando começa a *se* descrever como um fracassado.

Quais são alguns passos que você pode dar quando a vida lhe dá limões e você ainda não descobriu como fazer limonada?

Seja paciente. Esta é uma época de mudanças, e as coisas precisam acontecer espontaneamente. Há pouco a se ganhar quando se tenta apressar o processo. Se demorar mais para você chegar aonde quer, pode haver uma razão para isso. É sempre difícil entender a grande pergunta "Por que isso está acontecendo comigo?" quando você está no meio da crise. Permita que a Sabedoria Divina desempenhe um papel em sua vida.

Divirta-se. Quando você está sem emprego, sem dinheiro e sem sorte, divertir-se pode ser a última coisa na sua lista de prioridades.Puxe-a um pouquinho para cima. Invente uma lista de coisas baratas que você poderia fazer para se divertir. Não há virtude no sofrimento desnecessário enquanto você está passando por um momento difícil.

Peça ajuda e orientação. Se você se abrir e falar sobre o que está vivenciando, pode ficar surpreso com o número de amigos que querem ajudá-lo. Você não tem que passar por isso sozinho. Mas se a barra estiver muito pesada ou se você sentir que pode estar ficando seriamente deprimido, converse com um terapeuta ou com seu médico.

Seja gentil consigo mesmo. Agora não é a hora de se abater por algo que você veja como um erro ou de se afundar em "o que eu deveria ter feito". Um dos maiores desafios que a maioria de nós experimenta quando passa por um fracasso é saber como se amar durante o processo. Mantenha seu coração e mente abertos, e você verá que *insight* e sabedoria virão na hora em que mais precisar deles para guiá-lo na direção certa.

> *Uma pessoa tem que ser um deus para conseguir distinguir os sucessos dos fracassos sem cometer um erro.*
> ANTON PAVLOVICH CHEKHOV

Pratique a conversa interna positiva. Lembre-se de que seus pensamentos direcionam o resultado final. Certifique-se de estar indo na direção certa! Tente uma ou mais das sugestões descritas a seguir caso você esteja se sentindo para baixo ou invente uma própria. Você se sentirá melhor mais rápido.

- Eu tenho tudo de que preciso para ser bem-sucedido.

- Algo melhor aparecerá.
- Posso deixar a vida me levar e confiar que as coisas vão melhorar.
- Tudo tem um jeito para dar certo.
- Já passei por momentos difíceis. Conseguirei novamente.
- A vida tem uma maneira de se desdobrar exatamente como deveria.

Existem muitas chances de que você já tenha passado por uma dificuldade ou desafio anteriores. Lembre-se dessa época e escreva algumas frases sobre ela em seu diário.

- O que você se lembra sobre aquela época?
- Quais foram duas ou três coisas que o ajudaram a passar por ela?
- O que aconteceu para pôr um fim naquele período de crise?
- O que você aprendeu sobre si mesmo durante aquela época?
- Você preferiria que aquele evento nunca tivesse ocorrido ou consegue ver o valor dele de um ponto de vista diferente?

O pastor tele-evangelista e autor Robert H. Schuller escreveu um livro intitulado *Tough Times Never Last, but Tough People Do!* Esse livro é cheio de histórias maravilhosas e fará você se sentir melhor apenas ao saber que outras pessoas caminharam pelo vale e não só sobreviveram como também floresceram. Eu o recomendo!

26. A PROSPERIDADE É UM TRABALHO INTERNO

*O dinheiro é apenas uma ideia.
Se você quiser mais dinheiro,
simplesmente mude seu jeito de pensar.*
ROBERT T. KIYOSAKI

RON olhava incrédulo para o cheque em suas mãos. Era de cem mil dólares. O tio de Ron havia morrido de câncer vários meses antes e tinha deixado aquele montante para ele. Durante anos, Ron tinha sonhado em viajar, começar seu próprio negócio e comprar um novo caminhão. Tinha grandes sonhos e mesmo assim sempre achava que nunca seria bem-sucedido o suficiente para ganhar o que considerava "muito dinheiro". Agora estava com aquele cheque em mãos. Era mais dinheiro do que ele tinha ganhado nos últimos quatro anos e estava surpreso ao perceber que tinha sentimentos conflitantes.

Sua primeira decisão foi comprar um novo caminhão. Ele achava que essa era uma escolha sábia, porque queria começar um negócio de paisagismo. Seus amigos brincavam com ele, apelidando-o de "o Rei", mas vários ligaram para Ron e pediram "empréstimos" de variadas quantias. Ele se sentiu desconfortável porque todo mundo começou a tratá-lo de maneira um tanto diferente e ele não sabia em quem confiar. Ele driblou seu desconforto comprando presentes extravagantes, dando dinheiro para os outros, levando as pessoas para jantar e deixando grandes gorjetas.

A namorada de Ron, Sarah, sempre quis sair de férias com ele, mas nunca puderam viajar porque nenhum deles tinha dinheiro. Ron achou que aquela era sua grande chance e agendou uma viagem luxuosa para Las Vegas. Ele pensou que Sarah apreciaria o gesto mas, em vez disso, eles brigavam constantemente por causa de dinheiro. Sarah estava assustada ao ver quão rápido Ron estava gastando seu dinheiro e disse que ele deveria guardar pelo menos um pouco até poder falar com um consultor financeiro.

Nos meses seguintes, Ron esbanjou o dinheiro. Além do caminhão, comprou um novo guarda-roupa e um monte de geringonças eletrônicas. Fez aulas de voo e comprou um pedacinho de terra em uma área rural a várias horas de sua casa. Tentou começar o negócio de paisagismo, mas descobriu que deveria investir em equipamento e propaganda para poder começar e seu dinheiro estava indo embora rapidamente. Finalmente foi procurar a ajuda de um contador, que lembrou a Ron que ele tinha que pagar impostos pela herança. A quantia era pouco mais do que Ron tinha deixado no banco. Ele vendeu alguns de seus agora usados brinquedinhos, terminou o relacionamento com Sarah e foi morar em seu terreninho durante o verão. Estava muito pior agora do que antes da herança.

O que aconteceu? A história de Ron, infelizmente, não é tão incomum. As pesquisas mostram que muitas pessoas que recebem "dinheiro fácil" por meio de loterias, heranças e indenizações de seguros gerenciam mal e não atingem níveis mais altos em "testes de felicidade" um ano depois de seus ganhos em relação ao período anterior à aquisição do dinheiro. Ron, como muitas outras pessoas, tinha crenças profundamente negativas sobre o dinheiro, sobre sua autoestima e sua habilidade para gerenciar. Ele também não se sentia confortável com a ideia de ter consideravelmente mais dinheiro que seus amigos.

Você acabaria na mesma situação que Ron se recebesse uma grande quantia? Se você fosse honesto consigo mesmo responderia "possivelmente". Então, como pode se preparar para a vida de riqueza que deseja e merece? Primeiro, examine suas crenças em relação ao dinheiro.

As afirmações são muito mais do que um simples pensamento positivo. Elas são veículos específicos e poderosos de mudança e, se forem aplicadas sistematicamente, podem e vão causar uma grande mudança interna, que leva inevitavelmente à mudança externa.
JERROLD MUNDIS

Dinheiro, a falta de dinheiro e as pessoas que *têm* dinheiro são tópicos que causam sentimentos fortes em muitos de nós. Há quatro áreas principais nas quais as crenças negativas sobre o dinheiro afetam a vida de maneira danosa. *Escassez* – não há o suficiente para mim. *Gerenciamento de dinheiro* – não sei o que fazer com o dinheiro. *Pessoas ricas* – elas são gananciosas, injustas etc. E autoestima – não sou bom o suficiente. Ron tinha quase todas essas crenças e acabou criando uma situação na qual perdeu a herança inteira em pouco mais de um ano porque fez as escolhas baseadas nas crenças errôneas.

Um pensamento positivo, quando se tem a chance de criar raízes e crescer, pode sobrepujar uma floresta inteira de pensamentos negativos. Conforme você olha para a lista a seguir, observe a si mesmo e suas crenças. Qual dessas frases negativas tem a ver com você? Elas são crenças que você possui? Elas podem ter lhe servido no passado. Elas podem não lhe servir agora. Você está disposto a mudá-las?

Veja, também, o tópico 'Crenças prósperas', que vem logo após cada lista de 'Pensamentos de escassez'. Eles não foram descritos aqui para se tornarem listas exaustivas de possibilidades, mas para oferecer um outro jeito de pensar sobre o dinheiro, a riqueza, a autoestima e o gerenciamento de dinheiro. À medida que lê as palavras, use sua intuição. Encontre aquele lugar onde você se sente em paz consigo, onde está em sintonia com a(s) crença(s) que quer aceitar. Quando olhar para a lista de 'Crenças prósperas', pergunte a si mesmo: "Qual destes pensamentos me faz sentir melhor?"

Pensamentos de escassez:

- Nunca irei adiante.
- Sempre estarei endividado.
- Nunca terei dinheiro suficiente.
- Não sei como poderei ganhar mais dinheiro.
- Se eu tiver dinheiro, não haverá o suficiente para os outros.
- Sua ideia: _____

Crenças prósperas:

Tudo bem em ter dinheiro. Há mais do que o suficiente para todos. Eu vivo em um Universo abundante. Posso ter tido um pouco de dificuldade com o dinheiro no passado, mas isso não significa que preciso continuar a ter esse problema no futuro. Estou aberto e receptivo às novas avenidas da abundância. Sei que o dinheiro e a prosperidade podem vir de uma infinidade de fontes. Confio que, conforme me sinta mais à vontade em relação a merecer dinheiro, ele começará a fluir mais abundantemente em minha vida. Estou me tornado ciente de meus pensamentos sobre este tópico e conscientemente escolhendo me concentrar no que quero, em vez de me concentrar no que temo. Deus está trabalhando comigo para me ajudar a desenvolver uma atitude saudável em relação ao dinheiro. Eu escolho criar prosperidade em minha vida.

Questões de gerenciamento financeiro:

- Simplesmente não sou bom com o dinheiro.
- Não faço o balanço do meu talão de cheques.
- Não tenho ideia de quanto dinheiro tenho (ou não tenho).
- Se tenho dinheiro, gasto.
- Aprender sobre estratégias de investimento me entedia (ou intimida).
- Sua ideia: _____

Crenças prósperas:

Eu escolho criar um plano financeiro de gastos que funcione para mim. Posso facilmente pedir ajuda e encontrar o apoio que me for mais valioso. Afirmo que sou capaz de criar ordem nas minhas finanças. Minha renda continua a crescer e eu sei como gerenciar esse crescimento sabiamente. Gosto de gastar dinheiro e de economizar dinheiro de maneira responsável. Estou aberto aos amigos e mentores que podem me guiar apropriadamente em direção ao equilíbrio financeiro. Não sou minhas dívidas. Escolho ser otimista e prático a respeito de mudar minha vida financeira. Estou começando a aprender mais sobre gerenciamento financeiro. Acredito que a informação financeira é útil e motivadora especialmente se eu der um pequeno passo de cada vez. Cada pequena informação ajuda em minha decisão de me tornar financeiramente seguro. Estou aberto a essa orientação e ajo de acordo com sua sabedoria.

Aquele que é descontente em um lugar, raramente ficará contente em outro.
ESOPO

As pessoas ricas:

- As pessoas ricas não estão preocupadas com os pobres e necessitados.
- É mais espiritual ser pobre.
- As pessoas ricas não se preocupam com as outras.
- As pessoas ricas são gananciosas (corruptas, desonestas etc.).
- As pessoas ricas compram mais coisas que poluem o ambiente.
- Sua ideia: _____

Crenças prósperas:

Tudo bem ter dinheiro. Tudo bem ser rico e ter dinheiro mais que suficiente. Assim como a maioria das coisas na vida, o dinheiro pode ser usado para fins bons ou maus. Escolho concentrar meus pensamentos em todo o bem que eu posso fazer com o dinheiro. Eu me livro de toda a raiva, ressentimento e culpa. Eu sei que há abundância suficiente para todos. Quanto mais eu tiver, mais poderei compartilhar com os outros. Eu gosto de usar meu dinheiro para educar e informar as pessoas sobre questões e causas que me motivam fortemente. Muitas pessoas ricas têm muito prazer em usar sua prosperidade para o bem, aplicando o dinheiro em trabalhos humanitários. Espero ansiosamente a hora em que poderei fazer isso também. O Universo está cheio de esperança, alegria e o suficiente para todos.

Preocupações com o dinheiro:

- Não tenho o que é necessário para ser bem-sucedido.
- Você tem que ter dinheiro para ganhar dinheiro.
- Não tenho o conhecimento suficiente (ou correto).
- Não nasci em berço de ouro.
- O sucesso acontece com as outras pessoas, não comigo.
- Sua ideia: _____

Crenças prósperas:

Quando mudo minhas crenças, posso mudar minha vida. Sei que posso criar minha própria realidade em relação ao dinheiro. Peço ao Universo ajuda e conhecimento conforme começo a mudar minhas ideias em relação ao dinheiro para um modelo mais positivo. O passado ficou para trás. Posso ser tão bem-sucedido quanto convencer minha mente a ser. Minha vez é *agora*. Sou capaz e estou disposto a criar sucesso em minha vida, apesar de quaisquer experiências difíceis passadas. Tudo em minha vida está começando a funcionar cada vez melhor. Vejo evidência de sucesso em tudo o que faço. Acredito que as oportunidades douradas abundam!

O Universo sempre diz 'sim'. Preste atenção aos seus pensamentos, crenças e emoções. Descubra para que o Universo está dizendo 'sim'! Você quer que ele afirme "Sim. Não tenho dinheiro suficiente e nunca terei"? Ou quer que o Universo diga 'sim' para o seguinte: "Sou merecedor de abundância. Sou alguém. Sou merecedor de uma casa confortável, comida na mesa e roupas para minha família. Estou aberto a todas as fontes de abundância. Aprecio a riqueza que vem até mim por meio do trabalho que eu amo. Tenho mais do que o suficiente para minhas necessidades. Tenho segurança financeira agora e no futuro". Amém.

27. Faça de sua vocação suas férias

*Quando as pessoas vão para o
trabalho, elas não deveriam ter de
deixar seus corações em casa.*
BETTY BENDER

SEMPRE invejei aquelas pessoas que sabiam exatamente o que queriam ser quando crescessem. Havia alunos em minha sala no segundo grau que sabiam que estavam destinados a serem veterinários, contadores, enfermeiros ou advogados. Acho que essas pessoas são raras. A maioria luta com essa questão ao longo da vida. Tentamos encontrar uma ocupação que possa satisfazer todas as nossas necessidades em todas as etapas da vida.

Mas o que não é muito raro é saber o que nos interessa. É quase como se houvesse um mapa em algum lugar lá no fundo de nossas almas que planeja o que é melhor para o processo de desenvolvimento. Pode ser um interesse que nos faça ler todo e qualquer livro sobre um certo tópico. Poderia ser um *hobby* a que nos dedicamos no tempo livre. Nosso chamado pode se apresentar como um assunto pelo qual somos apaixonados. Tão surpreendente quanto possa parecer, a maioria tem ideia de suas paixões quando é criança. Apenas nos esquecemos disso, seguimos em frente e fazemos coisas que são práticas, lógicas e racionais. É como se tivéssemos, da mesma forma que disse Bender, "Deixado nossos corações em casa".

O historiador Arnold Toynbee já havia percebido que: "A realização suprema é misturar as linhas entre o trabalho e a brincadeira". Mesmo assim, a maioria de nós faz escolhas baseadas em expectativas familiares, no mercado de trabalho atual ou no que quer que nos seja oferecido que nos permita pagar as contas. Desligamos os anseios de nossa alma que nos chamam para fazermos o que estamos aqui para fazer. Convencemo-nos de que não sabemos o que queremos e, mesmo se um dia já tivermos uma ideia clara, acreditamos que não sabemos como chegar até lá.

Eu estava jantando com alguns amigos neste último fim de semana. Todos somos autônomos e estávamos discutindo o fato de que o que estávamos fazendo como adultos era consequência/desdobramento natural do que amávamos fazer quando crianças. Carol falou sobre seu amor pela música e movimento. Ela tinha se tornado uma professora de ioga bem-sucedida que usava a música para ajudá-la nas tarefas com seus alunos. Ela também adora aprender sobre óperas e assisti-las nas horas livres. Joseph falou sobre crescer em uma cidade pequena. Ele desenvolveu mininegócios tais como quiosques de limonada, vendeu revistas e trocou cartões de beisebol. Ele intuitivamente sabia como comercializar as coisas. Também adorava escrever histórias curtas. Acabou se tornando um diretor de arte de sucesso em uma agência de propaganda. Fomos perguntando, e cada um podia ver como seus interesses da época de criança e jovem haviam estimulado uma escolha de carreira de sucesso conforme cada um crescia.

O emprego é geralmente nossa principal fonte de renda, e a grande maioria de nós passa pelo menos metade das horas despertas nessa ocupação. Dizer que é importante gostar do trabalho que fazemos é algo completamente óbvio. O ex-presidente dos Estados Unidos, Theodore Roosevelt, disse: "De longe, o melhor prêmio que a vida tem para oferecer é a chance de trabalhar bastante em algo que vale a pena". Como você descobre a vocação que o faz querer começar logo o dia e que faz com que o tempo voe quando está fazendo? Dependendo de qual pesquisa você leia, algo em torno de 40 ou 60% de nós não gostamos do emprego atual. É tempo demais desperdiçado, além de energia e talento.

Descobrir alegria no trabalho é
encontrar a fonte da juventude.
PEARL S. BUCK

A maioria das pessoas faz as perguntas erradas. A resposta para "Como posso ganhar o máximo possível?" pode resultar em uma carreira que você odeia e que nenhum dinheiro no mundo possa melhorar. Perguntar "Que emprego eu poderia escolher e com o qual seria feliz para o resto de minha vida?" não leva em consideração que provavelmente você vai ter necessidades, interesses e desejos diferentes ao longo de sua vida profissional inteira.

É claro que você quer respostas rápidas e certeiras para suas perguntas sobre a carreira. No entanto, a intuição frequentemente guia você passo a passo. Faça à sua intuição as seguintes perguntas e veja que respostas recebe:

- Como poderia ganhar dinheiro fazendo um trabalho que amo?
- Com que tipo de trabalho me sinto entusiasmado neste momento?
- Qual é o próximo passo que eu poderia dar para que os objetivos de minha carreira se tornem claros?
- Que tipo de trabalho seria o mais recompensador se eu visualizar os próximos anos à frente?

Sempre brinquei que gostaria que nascêssemos com um pequeno manual de instruções que, caso fosse seguido, nos levaria a uma vida bem-sucedida. Levei muitos anos para entender que, de fato, a intuição era aquele manual que eu estava procurando. Em vez de instruções escritas, Deus nos fornece Sua sábia direção por meio de nossa calma e silenciosa voz interior.

Quando estava com mais ou menos vinte e cinco anos, eu trabalhava como diretora administrativa da Interface, um centro de educação holística perto de Boston. Muitos dos autores de autoajuda mais conhecidos iam para lá para dar palestras e seminários de fim de semana. Gerenciei a logística e detalhes de programação para Bernie Siegel, Deepak Chopra, Wayne Dyer, Christiane Northrup, Caroline Myss e muitos outros. Encontrá-los e ouvir suas palestras criaram um forte desejo em mim de fazer algo similar e, mesmo assim, naquela época, aquelas pessoas inspiradoras pareciam estar fazendo um trabalho completamente distante do meu alcance.

Levou oito anos para que eu pudesse dar meu primeiro *workshop* e, uma década depois disso, meu primeiro livro foi publicado. No verão de 2003 eu estava apresentando meu seminário baseado no livro *Bússola da Alma* no Omega Conference Center em Rhinebeck, Nova York. Deepak Chopra por acaso estava lecionando naquele mesmo fim de semana, e eu me encontrei casualmente com ele no refeitório da faculdade. Ele foi bastante gentil e durante nossa conversa me disse: "Comprei seu livro. É muito bonito". Era um daqueles momentos 'a-ha!', quando percebi que tinha alcançado algo a que tinha me proposto muitos anos antes.

Há ordem no Universo. Havia uma parte sábia que indicava que a Interface era um bom lugar para eu trabalhar quando tinha vinte e poucos anos. Muito do que aprendi lá forneceu os fundamentos para o que estava por vir em minha vida. Lembro-me de reclamar na época pelo pouco que recebia. Mesmo assim, estar lá, encontrar aquelas pessoas que conheci e estar exposta às suas ideias produziram recompensas muito ricas, tanto financeira quanto espiritualmente.

Nada é trabalho, a não ser que você preferisse estar fazendo outra coisa.
GEORGE HALAS

Deus tem um plano para sua vida. Esse plano raramente é mostrado a você todo de uma vez. É necessário paciência, confiança e fé para permitir que os detalhes miraculosos comecem a se desdobrar. Não é muito diferente de se montar um quebra-cabeça gigante. Você pode ter os fragmentos que são claros, mas até que as peças finais se encaixem você não consegue ver a imagem final.

É hora de colocar as peças no lugar. Você nasceu com talentos, habilidades e interesses naturais. Sua vida serve para descobri-los e usá-los para um propósito maior para enriquecer, inspirar e ajudar os outros. Há um ditado budista que diz: "Seu trabalho é descobrir seu trabalho e, então, com todo seu coração, dedicar-se a ele". Dito isso, como você pode descobrir seu trabalho?

A seguir vão algumas questões para auxiliá-lo. Você pode querer pegar seu diário e trabalhar algumas horas durante as próximas semanas ou meses para realmente se sintonizar com sua intuição e deixar que ela o guie. Não há respostas erradas. Algumas das perguntas chamarão sua atenção mais do que outras. Responda essas em primeiro lugar. Assim como a analogia do quebra-cabeça acima, não tente entender a grande figura no momento. Use estas questões como um ponto de partida, e ficará claro para você. À medida que escreve, preste atenção a quaisquer mensagens de 'entusiasmo silencioso', paz, calma ou confiança. Essas são as maneiras que sua intuição tem de comunicar alguma coisa de importância.

- O que eu amava fazer quando criança?
- Sobre o que eu gosto de ler ou estudar em meu tempo livre?
- No fim de minha vida, de que estarei mais orgulhoso de ter alcançado?
- O que estou fazendo quando o tempo voa?
- O que eu estaria fazendo se não tivesse de trabalhar por dinheiro?
- Que qualidade possuo sobre a qual as pessoas mais comentam?
- Que habilidade(s) eu possuo sobre a(s) qual(is) as pessoas mais comentam?
- Qual desigualdade eu mais gostaria de acertar no mundo?

- Se eu tivesse um segredo precioso para compartilhar com as crianças que as ajudaria a ser bem-sucedidas, que segredo seria esse?
- O que eu faria caso soubesse que teria êxito?
- Se eu tivesse o emprego ou a carreira perfeita, como seria um dia, uma semana ou um mês ideal para mim?
- Com que tipo de pessoas eu gostaria de trabalhar?
- Eu quero ser autônomo ou trabalhar para uma companhia e receber um salário fixo todo mês?
- O que meu melhor amigo diria que eu tenho que fazer como trabalho?
- Quando me sintonizo com minha orientação interior, o que ela diz que eu deveria fazer?

Temos dons diferentes, conforme a graça que nos foi conferida. Aquele que tem o dom da profecia, exerça-o conforme a fé. Aquele que é chamado ao ministério, dedique-se ao ministério. Se tem o dom de ensinar, que ensine; o dom de exortar, que exorte; aquele que distribui as esmolas, faça-o com simplicidade; aquele que preside, presida com zelo; aquele que exerce a misericórdia, que o faça com afabilidade.

ROMANOS 12: 6-8

- Como eu poderia ganhar a vida fazendo o que amo?
- O que eu estava fazendo da última vez que me diverti?
- O que está faltando agora em minha vida e o que eu poderia fazer para suprir essa peça ausente?
- O que posso fazer nesta semana (neste mês, neste ano) para dar um passo em direção ao que aprendi neste exercício?

O Universo é um grande professor. As pessoas que têm um sentido de propósito e que seguem sua paixão são recompensadas com alegria e energia e são estimuladas pela inspiração. É como se elas estivessem dançando com a vida e o Universo recompensasse os dançarinos com abundância de todas as formas. É hora de colocar seus sapatos de dança, se soltar e se divertir! Alguém aqui quer fazer lições de dança?

28. Como fazer florescer a vida que você ama

Posso ser qualquer coisa que quiser se confiar naquela música, naquela canção, naquela vibração de Deus que estava dentro de mim.
SHIRLEY MACLAINE

A REVISTA *Family Circle* relatou que, em 1993, 83% dos adultos empregados descreveu seus empregos como satisfatórios. Em 2003, o nível de satisfação caiu para 54%. É um número bastante chocante. Como você responderia essa questão sobre sua satisfação no emprego? Quando você considera a porcentagem de tempo que passa toda semana no trabalho, indo de casa para o trabalho, pensando no trabalho e possivelmente fazendo trabalho em casa, é uma grande porção de sua vida. Você estaria no grupo que não gosta de seu trabalho?

Megan definitivamente se encaixa na descrição da categoria de insatisfação no trabalho. Ela se sentou em meu escritório e parecia exausta. "Odeio meu emprego. Mas preciso dele também, porque ele fornece o dinheiro para pagar o financiamento, a comida e a educação das crianças. Quero começar um negócio de planejamento de eventos, mas não tenho tempo porque tenho de trabalhar." Ela continuou a reclamar de seu emprego, se afundando mais e mais no sofá onde estava sentada antes de eu interrompê-la.

Pedi a ela que descrevesse o negócio de planejamento de eventos que havia mencionado, e sua feição se iluminou. Sua postura mudou, ela sorriu e olhou diretamente para mim pela primeira vez desde que havia entrado em meu escritório. Ela me disse que desde criança adorava organizar festas. Adorava criar ocasiões especiais para as pessoas, completas com entretenimento, decorações e temas. Seus instintos criativos estavam envolvidos quando ela visualizava e coreografava um evento bem-sucedido.

Quando perguntei a ela sobre por que não estava começando seu negócio naquele instante já que ele lhe trazia tanto prazer, ela uma vez mais começou com sua ladainha de reclamações sobre não ter tempo suficiente por causa de seu trabalho. Perguntei a ela: "Você acha que vai ficar nesse emprego para sempre?" Ela pareceu surpresa e respondeu que sua companhia atual estava se fundindo com uma empresa maior e, na verdade, seu futuro no emprego estava incerto. "Que ótimo!", exclamei. "Vamos criar uma estratégia para construir uma nova vida profissional para você." A seguir estão algumas das coisas que discutimos juntas em nossas sessões:

Honre sua intuição. Todos nós temos um chamado na vida. Parte de sua tarefa é descobrir essa paixão. Não precisa ser nada espetacular e não é uma descrição de emprego. É o que faz você ter prazer na vida. Para alguns, como Megan, essa parte é fácil. Ela gosta de usar suas habilidades criativas para ajudar as pessoas a se divertir. Ela descreveu isso para mim como 'amor personificado'. Para outros, nenhum objetivo fácil ou ambição aparece na mente. As pessoas sempre me contam sobre algo que elas adorariam fazer e logo em seguida deixam a ideia de lado, dizendo que 'não é possível'. Comece a prestar atenção a essas faíscas de entusiasmo. Não as deixe partir tão facilmente. Elas são parte de sua orientação interior tentando dar a você alguma direção necessária. Brinque com a possibilidade de que há vida além da dura monotonia de seu trabalho atual. Se você *não* consegue identificar o que ama, como o Universo vai poder fornecê-lo a você?

Não sei muita coisa sobre ser uma milionária, mas aposto que eu seria ótima nisso.
DOROTHY PARKER

Aqui vão algumas perguntas para ajudá-lo a começar. Se você pudesse se aposentar confortavelmente neste instante, como passaria seu tempo? Uma outra maneira de se pensar a respeito disso é, se você ganhasse na loteria agora, o que faria com o dinheiro depois que passasse a fase de comprar uma casa nova, viajar um pouco, doar para a caridade e pagar as contas? Vá além do óbvio e passe algum tempo pensando nessas questões, e comece a visualizar uma vida na qual você pudesse fazer o que você adora. Até mesmo multimilionários têm a necessidade de fazer algo com seu tempo, talentos e paixões!

Não ignore seu trabalho atual. Uma vez identificado o que ama fazer, há como fazer isso – ou pelo menos parte disso – onde você trabalha atualmente? Por exemplo, nunca tinha passado pela cabeça da Megan que sua empresa atual poderia precisar de seus serviços como planejadora de reuniões. Como não era parte de suas atribuições, ela procurou a pessoa na companhia que era responsável pela logística de grandes reuniões e perguntou como poderia ajudar.

O Universo frequentemente responde com uma sincronicidade incrível quando você identifica suas necessidades. A mulher com quem Megan havia falado estava grávida. Ela tinha começado a pensar sobre os detalhes de como gerenciar a transição de seu emprego enquanto estivesse de licença maternidade. Megan apareceu no lugar certo na hora certa para poder ajudá-la. Na verdade, acabou sendo melhor do que ela esperava. Após a mulher voltar de sua licença, todas as pessoas envolvidas decidiram que Megan deveria continuar como planejadora de reuniões e isso se tornou grande parte das atribuições de seu trabalho.

Pense a respeito de ser autônomo. É importante tanto ouvir sua intuição quando ela indica que é hora de mudança, quanto ser prático o suficiente para não criar uma crise ao sair do seu emprego prematuramente. Megan acabou optando por trabalhar como autônoma, mas ficou muito contente porque pôde ganhar a experiência necessária e fazer contatos enquanto continuava como funcionária em tempo integral. Nós discutimos um plano a longo prazo no qual ela poderia honrar seu desejo interior de ser uma empresária.

A maioria das pessoas não tem as reservas financeiras necessárias para simplesmente decidir abandonar o emprego de tempo integral e começar a trabalhar por conta. Se esse for o seu caso, quais são outras maneiras para poder fazer essa transição? Pense em usar suas noites, seus fins de semana ou as férias por um certo período de tempo para começar seu trabalho autônomo. Isso vai dar a você a oportunidade de construir uma rede de clientes enquanto ainda estiver recebendo um salário regular e os benefícios de seu emprego de tempo integral.

Na economia de hoje em dia, muitas pessoas estão escolhendo trabalhar em vários empregos de meio período. O lado ruim é que é difícil encontrar vagas de meio período que tenham convênio médico ou outros benefícios. No entanto, para alguns, isto não é uma desvantagem significativa, e eles curtem a autonomia e a flexibilidade que o trabalho de meio período traz. Se você está pensando em sair de um emprego de tempo integral permanente para virar autônomo, primeiro descubra se seu empregador consideraria mantê-lo empregado em meio período. Esta poderia ser uma situação interessante para todos os envolvidos.

Ser voluntário é uma opção? Se você não fica inspirado com a ideia de ser um empresário e não quer procurar outro emprego neste momento, talvez sua atual situação de trabalho fosse mais satisfatória se você tivesse uma outra válvula de escape para seus interesses e talentos. O que poderia fazer em seu tempo livre que seria divertido e permitiria que você fizesse uma contribuição? Se você está sem ideias, muitas comunidades têm 'centros de ação comunitária' coordenados através de organizações sem fins lucrativos. Ou procure por listas de 'precisa-se de ajuda' no jornal local.

> *Não existe salário que possa se igualar ao sentimento de contentamento que vem do fato de tornar-se a pessoa que você nasceu para ser.*
> OPRAH WINFREY

Já tive clientes que pensaram em uma grande variedade de atividades, desde levar cachorros da Sociedade Protetora dos Animais local para passear, ajudar residentes de um asilo a arrumar o cabelo, até trabalhar com os adolescentes de um grupo de teatro local. As pessoas relatam que seu trabalho voluntário criou novos relacionamentos e senso de comunidade e possibilitou que elas se vissem de uma maneira nova e vibrante. E, melhor ainda, o trabalho voluntário abriu a porta para muitas delas receberem pelo que amam fazer. Pense a respeito disso. Quando está fazendo atividades que gosta, você está em um ambiente que o coloca em contato com outras pessoas que têm interesses similares. Existe outro jeito melhor de o Universo mostrar sua mágica do que ao colocar você em contato com a pessoa certa que tem o emprego certo com o salário certo? Você pode precisar dar o primeiro passo em direção ao trabalho que ama através do trabalho voluntário e deixar que Deus faça o resto.

Gerencie seu tempo mais eficientemente. Às vezes é difícil deixar espaço para que a informação intuitiva produtora de prosperidade flua, porque sua vida e mente já estão cheias até o limite. Certamente é difícil imaginar fazer uma mudança de verdade para adicionar algo novo e maravilhoso à sua vida quando você já está ocupado demais. Megan admitiu que ela era uma dessas pessoas que sentia que precisava de uma renovação/reconstrução no seu equilíbrio de vida. Ela dizia que queria mais tempo com seu marido e filhos, mais tempo para si mesma e para sua vida espiritual, assim como mais tempo para ver seus amigos. No entanto, essas prioridades não se refletiam na maneira como ela gerenciava seu tempo.

Pedi a ela que pensasse sobre sua vida e identificasse as situações que sugavam ou esgotavam suas energias. Olhamos para seu horário e anotamos as horas mais estressantes do dia. Levar as crianças para a escola todo dia de manhã e organizar o caos na hora do jantar e na hora de fazer a tarefa de casa eram as áreas principais que ela queria mudar. Ela também falou sobre uma amiga que ligava todos os dias e sugava boa parte de suas energias. Megan descreveu sua relação com ela como algo do tipo 'a vida é tão terrível', e queria mudar isso para que fosse mais positivo para ambas.

Sua intuição lhe dá informações de duas maneiras básicas. Quando você se sente sugado por alguma coisa, isso é sua orientação interior levando você para longe dessa pessoa ou situação. Refletindo sobre isso, que mudança a sua intuição está indicando em sua vida? De que você pode se desfazer para dar espaço a essa vida nova e maravilhosa que tanto merece? Inversamente, quando você tem um sentimento de entusiasmo com a ideia de ir atrás de algo, isso é sua intuição dizendo sim!

Comece a confiar em sua 'bússola interna', porque ela vai guiar você na direção certa. É necessária disposição de sua parte para realizar a parte difícil de fazer as perguntas e ficar aberto às respostas. Também é necessária disposição para assumir riscos e sair de sua área de conforto.

29. Querido Deus:
MANDE-ME DINHEIRO

*Podemos lhe emprestar dinheiro suficiente
para que você salde suas dívidas.*
CARTAZ EXIBIDO EM UM BANCO

VOCÊ foi demitido ou perdeu o emprego. Seu filho está doente e você não tem convênio médico. Seu cônjuge sofreu um acidente e está sem trabalhar. Seu aparelho de ar-condicionado decidiu parar de funcionar no meio de um verão escaldante e a empresa de manutenção diz que ele precisa ser substituído. Tudo que você sabe é que está com medo e que precisa de dinheiro rapidamente. Você começa a se preocupar. O pânico começa. Você começa a ter visões de que vai perder sua casa e dos cobradores ligando o tempo todo. Como vai sobreviver? Onde pode encontrar dinheiro?

Tudo bem. Pare. Vá com calma. Há uma saída. E o pânico, a preocupação e o medo não são bons companheiros. Eles também impedem o fluxo da abundância que você busca. Se você se encontrar em uma circunstância financeira desesperadora e precisar mudar as coisas rapidamente, aqui vão algumas maneiras de como fazer isso.

Chave da prosperidade nº 1:
Concentre-se no presente

É difícil não entrar em pânico quando sua mente está pintando quadros vívidos das situações que você teme que possam lhe ocorrer. Um pagamento não efetuado do financiamento da casa pode fazer sua mente pensar o tempo todo que você vai perder sua casa e ir para o olho da rua. Neste momento você está bem e sua intuição Divina já está entrando em ação para lhe dar alguma ajuda muito necessária. Sempre que você tiver pensamentos de medo em relação ao futuro, transporte-se de volta ao presente. Mantenha seus pensamentos concentrados no agora. Sua tarefa é ficar calmo e atento para que você possa estar aberto ao fluxo tanto da orientação sábia quanto da prosperidade Divina.

Chave da prosperidade nº 2:
Seja claro sobre o que quer

Escreva uma lista do que precisa no momento. Não tente entender *como* essas coisas virão até você. Permita que o Universo faça o que ele faz melhor – criar milagres. Seus pensamentos emocionais altamente carregados criam o que você atrai para si. Mantenha seu foco no que você quer, não no que não quer. Mantenha uma atitude de entrega sobre *como* essas coisas, ou esse dinheiro, virão até você. Sabe-se que o Universo cria milagres menores tais como fazer o Sol nascer todas as manhãs e se pôr todas as noites. Talvez possa permitir que ele o ajude a achar uma resposta para suas necessidades pessoais de agora?

Chave da prosperidade nº 3:
Pare de se preocupar

A preocupação é uma escolha e ela é sempre contraproducente. Quando você se pegar se preocupando, mude o foco. Preocupar-se com o dinheiro não traz mais dinheiro para sua vida. (Se isso fosse verdade, todos nós seríamos ricos!). A preocupação não vai trazer nenhum tostão a mais para você. Na verdade, o oposto é verdadeiro. Quando você tem fé e uma atitude de confiança, está mais aberto e receptivo aos pensamentos, sentimentos e impulsos do Universo que direcionam você à prosperidade real. Quanto mais você pensa em alguma coisa, mais você a atrai. A preocupação interfere em suas esperanças, sonhos e desejos. Se é difícil para você parar de se preocupar, tente ir devagar, um dia por vez. Diga a si mesmo: "Hoje [ou neste momento] prefiro não me preocupar".

Chave da prosperidade nº 4:
Pense em algumas possibilidades

Pegue um papel e uma caneta ou coloque os dedos no teclado e comece a escrever cada solução possível que vier à sua mente. Faça isso uma vez por dia durante trinta dias. Faça perguntas à sua intuição à medida que escreve: "Como posso criar dinheiro imediato neste instante?" "Qual é o melhor plano de ação para me ajudar a ...?" (Preencha com o que necessita.) "O que posso fazer que seria mais útil para mim agora?" Se você está se sentindo preso no mesmo lugar, ligue para alguns amigos de confiança e convide-os para um almoço em sua casa, para conversar sobre soluções prósperas. Quanto mais criativas as ideias, melhor!

Chave da prosperidade nº 5:
Aja de acordo com as respostas que receber
É fácil se sentir paralisado quando uma crise se inicia. Não se sobrecarregue. Divida as tarefas em partes menores para que você possa dar pelo menos dois passos por dia. Se mais passos forem mais confortáveis para você, tudo bem também. Você está direcionando sua energia em direção ao que quer criar. Aja apenas em relação àqueles itens que lhe deem ânimo e energia. Se você se sentir exausto e irritado ao contemplar uma ação, não a faça. Essas reações são sua intuição trabalhando, apontando você na direção certa. Mantenha um diário de cada tarefa que você completou, incluindo algumas das menos tangíveis neste capítulo. É muito reconfortante ver uma lista de realizações quando você está deprimido e sentindo que não está 'fazendo o suficiente'.

Chave da prosperidade nº 6:
Fique de olho nos milagres
Saiba que você está no processo de criar uma

solução para sua crise. O Universo está ao seu lado. Você não está sozinho. A resposta pode não vir toda de uma vez. Comece a procurar evidências de que as coisas estão funcionando. Talvez uma fonte inesperada de dinheiro venha até você ou você tenha uma entrevista para um novo emprego. Talvez o conserto do carro que você pensava que iria custar muito dinheiro custou apenas uma fração disso. Escreva sobre essas ocasiões em seu diário e olhe para elas frequentemente.

Livre-se do medo. O Universo tem um suprimento infinito de oportunidades. Há o suficiente para todos. Você pode ficar surpreso ao ver que alguma coisa está vindo em sua direção agora mesmo.
RICHARD CARLSON

Chave da prosperidade nº 7:
Fique aberto à prosperidade de Deus
Seu papel é *permitir* que a prosperidade entre em sua vida. A maneira como você impede isso de acontecer é através do medo e da preocupação. A maneira de deixá-la entrar é ter fé, ficar feliz e manter sua mente e coração abertos. No Talmud está escrito: "No mundo que virá, cada um de nós será chamado para prestar contas sobre todas as coisas boas que Deus pôs no mundo e que nos recusamos a desfrutar". Abra seu coração a Deus e deixe que Ele saiba de seus medos, preocupações, esperanças

e sonhos. Fale com Ele como se Ele fosse um amigo. Peça inspiração, fé, confiança e abundância.

Chave da prosperidade nº 8:
Vá com calma
No meio de uma crise é fácil demais se concentrar indefinidamente no caos ao seu redor. O dinheiro e outras formas de riqueza não vão necessariamente vir mais rápido quando você está em um estado frenético. Na verdade, o oposto é verdadeiro. Reserve cinco minutos todas as manhãs, tardes e noites, por pelo menos um período de trinta dias, para simplesmente se sentar e respirar. Você ficará surpreso ao ver como este simples ato fará com que se sinta mais centrado e, consequentemente, mais aberto à prosperidade.

Chave da prosperidade nº 9:
Prometa manter-se positivo
Todos nós temos hábitos de pensamentos negativos que repetimos para nós mesmos quando estamos sob pressão. Que pensamentos você tem? Um dos mais comuns que ouço as pessoas dizerem é: "Estou tão estressado!" Seja vigilante em relação a cortar o mal desses pensamentos pela raiz. O pensamento pessimista frequentemente precede uma crise emocional e você não pode se dar ao luxo de ter uma crise quando já está em uma crise financeira. A seguir, temos alguns pensamentos que afirmam a prosperidade e que vão ajudá-lo a se manter posi-

tivo. Escolha um que funcione para você. A intenção é que se sinta melhor para poder ficar aberto à orientação intuitiva que vai chegar e tirá-lo da situação atual. "Isto é apenas temporário. As coisas estão começando a melhorar." "Estou aberto a novas avenidas de prosperidade." "Eu vivo em um Universo abundante. Tenho tudo de que preciso." "O dinheiro flui para mim de todas as direções." Escreva várias frases que o façam se sentir melhor e substitua aqueles horrorosos pensamentos negativos por alguns bons pensamentos.

Chave da prosperidade nº 10:
Mantenha um diário da gratidão

A gratidão é a matéria da qual a prosperidade é feita. Não há hora melhor do que quando você está no meio de uma crise para começar ou manter um diário repleto de agradecimentos. Aquilo no qual você se concentra se expande. Encontre momentos deliciosos ao longo do dia e saboreie seu poder. Seu filho disse algo emocionante para você hoje? Você recebeu um cheque inesperado pelo correio? Talvez você tenha ido fazer uma caminhada e tenha parado com os vizinhos para bater um papo. Ou inesperadamente se sentiu agradecido por possuir uma mente iluminada e um corpo saudável. Todas as noites antes de ir para a cama, escreva pelo menos seis coisas que foram maravilhosas naquele dia.

O problema de ter seu dinheiro trabalhando para você é que às vezes ele é demitido.
JERRY SEINFELD

Chave da prosperidade nº 11:
Permita-se ter tempo para sonhar
É sempre difícil imaginar uma vida saudável, equilibrada, próspera e bem-sucedida quando você está se sentindo com medo e as coisas à sua volta estão em desordem. No entanto, essa é a hora em que isso é mais importante. Visualize ativamente o que você quer criar em sua nova realidade. Pegue seu diário, seu estojo de tintas ou seus lápis de cor e comece a escrever e desenhar imagens do que você quer que sua vida se torne. Se você não é especialmente criativo, pegue uma pilha de revistas e corte figuras. Coloque essas imagens e palavras em um lugar onde se sentirá inspirado.

Chave da prosperidade nº 12:
Faça pausas para meditar sobre a prosperidade
Você não precisa fugir da escrivaninha ou esperar muito tempo para que isso funcione. Pense nelas como pequenas contemplações da abundância, durante uns trinta segundos. Permita simplesmente que seus pensamentos se abram à abundância. Conforme faz isso, expanda seus sentimentos para incluir um sentimento de segurança, fé e amor. Há alguma imagem ou emoção que vem a sua mente e que o

faz se sentir mais abundante? Em caso afirmativo, expanda ou aumente o volume desses sentimentos.

Chave da prosperidade nº 13:
Fale com amigos de confiança
Em algum momento da sua vida, se sentiu satisfeito por alguém próximo ter permitido que você o apoiasse ou que fosse útil? Permita que as pessoas à sua volta façam o mesmo. O Universo sempre cria milagres através de nossas conexões com os outros. Diga a eles o que está acontecendo com você. Seus amigos geralmente não sabem do que você precisa ou o tipo de apoio que acha mais útil. Então peça o que você quer. Eles podem ter o contato, o conselho ou a informação corretos que vão aliviar ou resolver seus problemas.

Chave da prosperidade nº 14:
Agradeça pela riqueza que já tem
Tenha certeza de olhar ao seu redor durante o dia e conscientemente se concentre na riqueza que existe. Faça uma caminhada e inspire o ar. Não há falta de ar. Dependendo de onde você more ou de que estação seja, absorva a profusão de areia, neve, folhas, árvores ou grama que estão à sua volta. Vá a um supermercado e maravilhe-se com a grande quantidade de frutas e vegetais. E não ignore as coisas menos tangíveis como o fato de que você pode ter amigos maravilhosos, um bom emprego, e/ou um corpo saudável. Sua intenção aqui é manter seu foco

longe da ilusão da falta e na realidade da abundância verdadeira. Cada vez que aprecia a riqueza que existe dentro e ao seu redor, você está se lembrando de que está em um planeta lotado de tudo de que precisa.

Chave da prosperidade nº 15:
Tenha compaixão de si mesmo
Todos nós cometemos grandes erros de vez em quando. Não permita que uma crise temporária em suas finanças seja outra ocasião para se martirizar. Pense sobre algumas maneiras criativas para vivenciar a compaixão de si mesmo durante essa época difícil. Quais são os luxos que você pode se dar para não se sentir totalmente privado? Você poderia comprar uma geleia deliciosa para passar na torrada pela manhã; uma cor nova de esmalte para pintar suas unhas; ou se recompensar saindo para tomar um prato de sopa em um restaurante local. Há coisas menos tangíveis que você pode fazer que são úteis durante épocas de estresse. Ter a certeza de que você dorme o suficiente é uma das coisas óbvias, mas também simplesmente se dar tempo para ler um livro ou ver um bom filme pode ajudar a afastar sua mente de preocupações. Às vezes, tudo o que é necessário são algumas mudanças de atitude bastante simples para convidar a prosperidade a fazer parte de sua vida. Amar-se geralmente abre o caminho para mais amor – e prosperidade.

30. O CICLO DE ABUNDÂNCIA

*O amor Divino dentro e através de mim
abençoa e multiplica a consciência de tudo
de bom que tenho, tudo de bom que dou e
tudo de bom que recebo.*

ORAÇÃO DA IGREJA DA UNIDADE

FREQUENTEI a faculdade em uma pequena cidade ao sul de Vermont. Como parte do meu currículo, precisava criar um projeto que melhorasse a comunidade de alguma maneira. Já tinha trabalhado em várias organizações de serviço social sem fins lucrativos e reconhecia o valor e a importância dos voluntários. Também sabia que uma pessoa comum não tinha ideia sobre muitas dessas oportunidades. Decidi que meu projeto de curso seria criar um 'centro de voluntariado' em minha área.

Marquei reuniões com quinze agências de serviço social. Perguntei a elas sobre suas necessidades de voluntários e criei uma 'descrição de emprego' para cada vaga. Após compilar a lista, fiz uma propaganda no jornal local e criei um anúncio de serviço público que foi ao ar em duas estações de rádio. Fiquei atolada de respostas; as pessoas queriam contribuir.

Entrevistei todos os voluntários que se candidataram e fiquei realmente inspirada pelo amor e cuidado que as pessoas tinham pelos outros membros. Muitos disseram que nunca tinham estado cientes de como demonstrar seu desejo de ajudar. "Não tenho muito dinheiro, mas tenho muito amor", disse uma senhora idosa, que decidiu passar várias horas por semana em uma creche local. Um homem que já estava aposentado como carpinteiro ofereceu seu tempo para a organização dos Big Brothers (associação que cuida de meninos órfãos) e ajudou seu 'irmãozinho' a aprender carpintaria. Uma outra mulher ofereceu-se para ler um livro todas as semanas para várias jovens que estavam sendo ajudadas pela associação local para os cegos.

Ao final de um período de seis meses, o programa de minha faculdade exigia que eu avaliasse o sucesso daquele projeto. Para conseguir isso, eu entrevistei os voluntários. Todos eles me disseram que receberam muito mais do que deram. Um deles me disse: "Sinto-me rico em amigos e comunidade". "Meu coração se sente aberto. Os olhos das crianças se iluminam quando eu entro na sala. Isso faz com que eu me sinta vivo de novo." Outras pessoas disseram que sua escolha de tarefa tinha aberto a porta para uma nova direção de carreira, tinha lhes dado autoconfiança, melhorado sua autoestima e enriquecido suas vidas de maneira imensurável. O comentário que eu mais ouvi foi: "Recebi muito mais do que dei".

Parte de levar uma vida de prosperidade verdadeira é entender que dar e receber são formas vitais da mesma energia Universal. Se você simplesmente recebe sem dar, você está parando o fluxo. Uma pessoa próspera é alguém que retribui, quer seja doando seu tempo, dinheiro ou ideias, ou através de algum outro meio. Ao dar o que tem, você também permite que mais coisas fluam até você e sua vida. O inventor americano R. G. LeTourneau disse com humor: "Eu atiro [dinheiro] pela janela, e Deus atira tudo de volta... Mas Deus tem a mão maior!"

Você vive em um Universo abundante. Pode beber dessa força poderosa através de sua própria generosidade. A prosperidade envolve fluxo. Quando se alinha com Deus, você abençoa os outros e doa seu tempo e talentos. Fazer isso cria uma energia magnética que vai atrair ainda mais dinheiro, ideias e circunstâncias prósperas.

Ganhamos a vida pelo que recebemos;
criamos uma vida pelo que damos.
WINSTON CHURCHILL

Não dê apenas dinheiro; dê seu tempo e ideias também. Mencionei no começo deste capítulo que ser voluntário é uma maneira maravilhosa de retribuir à comunidade, doando-se como presente. Em que você é bom? O que você ama fazer? Você investiu em si mesmo de maneira que o permitiu aprender uma habilidade ou desenvolver um talento. Com quem você pode compartilhar isso?

Tente uma experiência. Se você começar a sentir que alguma coisa está faltando em sua vida, dê parte do que você tem para alguém mais. Se você está se sentindo financeiramente pobre, faça uma pequena doação à caridade ou dê uma gorjeta maior que o normal para a garçonete que serve seu café matinal. Envie uma bênção silenciosa aos estranhos que passam por você no seu caminho para o trabalho. Ajude o mendigo na rua. Ofereça-se para fazer uma pequena gentileza para seu vizinho. Ligue para alguém ou envie um cartão quando souber que a pessoa precisa de uma injeção de ânimo. O ato de dar afirma sua prosperidade verdadeira. Ele fortalece sua conexão com os outros. Permite que a abundância flua de você em direção aos outros e de volta novamente. Recebi um bilhete de uma das assinantes do meu informativo. Ela escreveu: "Descobri que o que vai volta. Adoro dar, quer seja dinheiro, objetos de verdade (como uma refeição no dia de Ação de Graças) ou meu tempo. Quando dou, recebo. Eu nem *sempre* recebo dinheiro ou coisas materiais, mas geralmente quando estou me sentindo sozinha uma simples ligação de um amigo chega para animar meu dia".

O filantropo Robert B. Pamplin Jr. encoraja a generosidade quando diz: "Cada vez que damos um presente, estamos acrescentando algo profundo ao mundo – passando à frente algo inteiramente intangível, uma emoção pura – para um companheiro de viagem. Este tipo de presente requer que o coração e a mente trabalhem juntos; ele aflora do centro da alma, extraído do carinho e amor puros. É a melhor coisa que podemos fazer como humanos – não porque tenhamos que fazer, mas porque queremos".

Na maioria das vezes quando pensamos em dar, pensamos em dinheiro. O dízimo é um termo familiar a quase todas as religiões do mundo. A palavra dízimo literalmente significa 'a décima parte'. Pagar o dízimo significa doar 10% de sua renda bruta ao lugar onde você recebe seu sustento espiritual. No passado, as pessoas davam para suas mesquitas, templos, igrejas ou *ashram* (refúgio religioso hindu). O industrial e filantropo americano John D. Rockefeller Pai era firmemente comprometido ao conceito do dízimo, dizendo: "Eu nunca teria sido capaz de dar como dízimo o primeiro milhão de dólares que ganhei se não tivesse dado antes meu primeiro salário, que era de 1,50 dólar por semana". Essa frase é suficiente para dar a você esperança de conquistar sua própria prosperidade!

Dar o dízimo para seu lugar de adoração ainda é uma prática comum. No entanto, outras pessoas expandiram essa definição de onde uma pessoa recebe sustento espiritual e concluíram que muitas coisas podem alimentar sua alma. Tenho clientes que doaram tanto para indivíduos quanto para organizações que promovem música inspiradora, lindas artes, literatura espiritual, cuidados com o meio ambiente e ajuda para aqueles que necessitam em sua comunidade.

Da abundância ele retirou abundância, e ainda assim a abundância permaneceu.
OS UPANISHADES

Dar 10% de sua renda pode ser um pouco assustador no início. Você estaria disposto a começar com apenas 2%? Se você está ganhando 25 mil dólares por ano, 2% é U$41,66 por mês, ou aproximadamente 1,40 dólar por dia. Pense em como é boa a sensação de abrir seu coração à doação. Mesmo se você estiver atualmente com dívidas, considere doar apenas 5 dólares por mês para uma causa nobre de sua escolha. Muitos de meus clientes preferiram não apenas acompanhar suas contribuições, mas também acompanhar os benefícios que *receberam* de seus presentes. Muitos que começaram a pagar o dízimo regularmente receberam quantias de dinheiro inesperadas, oportunidades e ideias que de repente apareciam em suas vidas como verdadeiros milagres.

O pastor John Wesley nos encoraja a: "Ganhe tanto quanto puder. Economize tanto quanto puder. Invista tanto quanto puder. Dê tanto quanto puder". O ato de dar faz com que eu me sinta próspera. Cada cheque que envio vai acompanhado de uma bênção silenciosa. "Obrigada, Deus, pela ampla abundância em minha vida. Sei que conforme eu preencho este cheque ele vai abençoar quem o receber e retornar a mim multiplicado." Então termino com uma oração específica para a pessoa ou organização para a qual o dinheiro está sendo mandado. Gosto de pensar em minhas doações como um acréscimo ao 'fundo mútuo universal'.

O que o ato de dar proporciona? Ele:

- Lembra você de ser grato.
- Conecta você com sua Fonte.
- Abre novos canais para a abundância.
- Constrói sua autoconfiança.
- Permite que você capacite os outros.
- Permite que você enriqueça as organizações que apoia.
- Circula o fluxo de prosperidade no mundo.
- Retorna a você multiplicado.
- Permite que novas oportunidades entrem em sua vida.
- Revitaliza sua comunidade.
- Aumenta sua capacidade de doar com mais abundância ainda.
- Demonstra sua crença em sua própria prosperidade.
- Estabelece sua confiança em um Universo abundante.

A prosperidade, o amor e a abundância circulam através de nosso mundo e através de nossas vidas. Há uma corrente eterna de dar e receber.

Quando você dá seu dinheiro, tempo e gentileza, se abre para tudo isso de volta, multiplicado. O ato de dar – por si só – cria a riqueza. O Universo é abundante. Há mais do que o suficiente para todos. Estamos aqui para viver nossas vidas como uma expressão completa de Deus. Curta sua jornada e que você possa continuar a prosperar durante todos os dias de sua vida.